会計学のススメ

―一度は読んでおきたい会計学の名著―

山下壽文［著］

創 成 社

はじめに

　ある人からもらった年賀状に、「書店に行けば会計の本が氾濫していて、どれを読んだら良いかわかりません」という嘆きの文言がありました。また、「会計をどのように勉強したらよいか教えてください？」と、稀に学生が研究室を訪れることがあります。

　会計学をどのように勉強したらよいか、あるいはどの会計学の本を読んだらよいかとの質問には、大きく3つのタイプが考えられます。1つは仕事に役立てるため、単位を取るため、あるいは知識を身につけるために会計学を勉強したいというタイプ、2つは資格試験を受けるためにどのように会計学を勉強したらいいかと悩んでいるタイプ、そして3つは会計学を本格的に研究したいが、どのような本を読んだらよいか迷っているタイプです。

　それはともかく、会計学について学ぶ前に、会計学の学問的かつ社会的地位について過去にさかのぼり認識しておく必要があります。故佐藤孝一（早稲田大学名誉教授）は、『新らしい会計学』（中央経済社、1953年）において、怒り心頭、次のように述べています。

我々の先輩の吉田良三先生は、「昔は簿記や会計学の先生は、教員室でも一段低く取り扱われ、場合によると別扱いにされたものだ」と憤慨されていたが、そして現在ではまさかそんな馬鹿げたことは、見受けられなくなったが、しかしまだまだ一般は認識不足で、会計学というと、伝票を切ったり、帳簿をつけたり、或は算盤を弾いたりすることを研究する学問（というより、末梢技術）だと思いこんでいる人々も多く、何か計算する必要があると直ぐ私のところへ持ってくる連中も仲々多い。それも世間普通の人々ならともかくも、我々学者の仲間にもそういう人々が未だ可なり多く、会計学などは学問ではないと思ったり、どうでも良い学問だと考えたり、それも文学部や理工学部方面ならともかく、肝心の商学部の連中さえも、会計学は簿記だけで十分だろうと考えたり、何とか会計学の授業を減らそうと、機会ある毎に虎視淡々として狙っている連中さえある。全く何をか言わんかであるが、商科と唱歌と一緒くたにして、私が商科の教授だといえば、音楽学校出身ですかと聞く人々が相当いることを思えば、それも当り前だと考えられるが、いずれにしても、こんな状態では決して経済の再建も発展も覚束無い。

（43頁）

現在では、公認会計士試験は難関国家試験の1つであり、職業会計人としての公認会計士の社会的地位も高まり、企業の会計監査のみならず彼らのさまざまな分野での活躍がみられます。また、職業会計人と言えば税理士も、わが国の税務を支える中核として大きな役割を果たしています。とくに近年、国際会計基準とか不正経理などで会計が注目を集めることが多く、1953年当時とは会計学の地位も相当高くなったのではないかと、会計学を専攻する者として自負するところです。もちろん、これは、会計学の社会的学問的地位の向上に奮闘された多くの先輩諸氏の努力の賜物であることは言うまでもありません。

とはいえ、一般の人々（あるいは他分野の学者）の中には、簿記や会計を単なる計算技術だと考えている人もいないわけではないのです。昨年、わが経済学部主催の「簿記の歴史」をテーマにした公開講座で、「簿記や会計は学問なんですよ」と説明をしたら、終了後のアンケートに、「簿記や会計が学問であるとは初めて知りました」という感想がありました。

さて、筆者は、学部生・大学院生時代から30数年、会計学を勉強し（とくに「引当金」を研究テーマに）、論文を書き、数冊の著書を刊行してきました。この間、多くの会計書を読んで、カードを作ったり、ノートにまとめたりしました。蔵書も増え、中にはホコリをかぶり、書棚の奥深くうずくまっているのも少なくありません。このたび、これらを整理することになり、このまま埋もらせてはと思い、読書遍歴のようなものを書いて、これらに再度光をあてようと思い立ちました。

本書は、簿記・会計学の古典から現代にいたる著書について、その内容を詳しく説明するのではなく、その著書の意義、書評およびエピソード（個人的なものも含め）など書いてみました。学術書ではありませんのでアバウトな面もありますが、簿記や会計のおもしろさを読者に伝えることができればと思います。とくに、会計学についてどのような本を読んだら良いかわからないという学生にとって参考になれば幸いです。なお、取り上げる著書は簿記および（財務）会計がほとんどです。また、取り上げた著書は、筆者の独断と偏見によっています。

洋書は英書が中心です。できるだけ翻訳書があるものを取り上げました。現在市販されていないものがほとんどですが、大学の図書館にあるはずです。IT時代の現在では、ネットで検索して文献を収集することが容易にできます。試しに佐賀大学附属図書館にアクセスをしてみます。蔵書があるかどうかは、「検索画面」に書名を入力し、「検索」をクリックします。蔵書があれば、図書コードと図書館のどこにあるかが表示されます。蔵書がない場合、画面の右下にある「CiNii Books」をクリックします。蔵書のある大学が画面に表示されます。他大学の蔵書は、「図書借用申込書」に記入して受付に申し込めば、借りることができます。ただし、郵送料は負担しなければなりません。

何事も極めるのは大変なことです。ひとつこれを機会に、簿記・会計の世界を満喫してください。繰り返します。簿記や会計は単なる金儲けの計算ではありません。学問なのです。そのことを肝に銘じて、本書を読んで、さらに会計学を極めてください。

凡　例

(1) 本文で取り上げた和書（訳書を含む）の出版社および発行年は、巻末にまとめ読者の利便性を図りました。また、出版社には、株式会社など表記していません。なお、同文館出版は、同文館と表記しています。引用した和書以外の和書も掲げています。

(2) 会計学の分野の論文などでは、外国人名はペイトン（W. A. Paton）などと敬称を省略し、日本人名は○○教授と敬称を付けることが多いのですが、本文ではすべて敬称を省略しています。

(3) 西暦により表記し、一部和暦を併記しています。併記していない昭和の年号は、西暦より25を差し引き、例えば、１９７０年は、昭和45年となります。

最後に、本書の出版に際して、㈱創成社の塚田尚寛社長には多大なるご支援を頂きました。記して、感謝の意を表します。

平成25年8月吉日

著者記す

目　次

1　科学としての簿記学および会計学

簿記（あるいは会計）が科学（Science）かどうかについては、種々の見解があります。この問題を検討する前に、「科学」とは何かについて考えてみましょう。

新村猛編『広辞苑（第5版）』（岩波書店）

①観察や実験など経験的手続きによって実証された法則的・体系的知識。また、個別の専門分野に分かれた学問の総称。物理学・化学・生物学などの自然科学が科学の典型であるとされるが、経済学・法学などの社会科学、心理学・言語学などの人間科学もある。
②狭義では自然科学と同義。

このことから、社会科学である簿記学（あるいは会計学）において、「科学」とは観察により実証された法則的・体系的知識で、経験的実証性と論理的推論に基づく体系的整合性をその特徴とする、と定義できます。

19世紀の簿記書に、*Science of Double Bookkeeping* などがありますが、英国で会計士会計学の基礎を築いたと言われるディクシー（L. R. Dicksee）は、次のように述べています。

簿記——最近一般に会計（accounts）と呼ばれる——は、取引事象の適切な様式での記録である。簿記が科学か技術かどうかについては、しばしば議論されてきたことであるが、おそらく容易に結論はでないであろう。実務で現在行われている簿記は、疑いもなく科学的特徴を有する確かな原則に基づいているが、簿記による実務を科学とみなすのは過大評価である。(Dicksee, L. R. *The ABC of Bookkeeping*, 1908, p.1)

ディクシーのこの英書は、アマゾンでリプリント版を手に入れることができます。

わが国の著名な簿記学者であった沼田嘉穂は、簿記学は科学であるとして次のように手厳しい主張をしています。簿記学は、単なる計算・技術と解され、幼稚な学問として軽視される。その責任は多分に簿記を説明する学者の側にある。簿記書のほとんどが記帳技術に終始し、理論体系と普遍原則の樹立を怠り、実務に添わない皮相的な説明が繰り返されているにすぎない。また、簿記書のほとんどが先人の説明をそのまま踏襲するのみで、何ら進歩もなく、反省も行われていない（沼田嘉穂『現代簿記精義』中央経済社、１９７３年、「小序」）。

科学の名を冠した会計書の１つに次のものがあります。初版は１９３１年で、１９７９年にリプリント版が出版されています。

Robert R. Sterling, *Toward a Science of Accounting,* 1931. (Reprinted Scholars Book Co. 1979.)（塩原一郎訳『科学的会計の理論』）

スターリングは、会計の現状を批判し、本書の目的を次のように述べています。

会計界がむさぼってきた平穏な過去の日々に、嵐吹き荒ぶ現在には適当とはいえないドグマが生まれた。犯すことあたわざるものとして最高位に君臨してきたドグマは次のものであった。すなわち、会計は技術である。しかるがゆえに、それは必然的に非科学的なものであるとするドグマである。（中略）

本書はこうしたドグマを粉砕するための裸になっての試みである。さらに筆者は、そのドグマに代わる科学的基盤に必要ないくつかの礎石を置こうと試みている。第1部はこのうち、粉砕の試み、つまりこうしたドグマ、ならびにそれがもたらす結果についての検討を加える。第2部は建設の試みであり、会計上の基本的な問題への科学的な尺度の適用を進める。筆者の目的とするところは、人々に斬新な思考を進め、基盤をなしたものを完成させ、構造を組み立てるよう促すことにある。（塩原訳「諸言」）

スターリングは、取得原価に基づく会計構造を経験主義による非科学的なものとするドグマを批判し、会計が科学足りうるには意思決定システムと情報システムの統合的な情報システムを下部構造として、会計情報を測定の制約と費用対効果を考慮した上で意思決定モデルを特定し統制する必要があると主張しています。

スターリングには、*Theory of Accounting: the measurement of Enterprise Income*, The University Press of Kansas, 1968.（上野清貴訳『企業利益測定論』）の著書もあります。科学に比して会計理論の名を冠した著書も多く出版されています。会計理論とは何かを取り上げる前に、理論とは何かについて考えてみましょう。

新村猛編『広辞苑（第5版）』（岩波書店）

①科学において個々の事実や認識を統一的に説明し、予測をすることもできる普遍性をもつ体系的知識。
②実践を無視した純粋な知識。この場合、一方では高尚な知識の意であるが、他方では無益だという意味のこともある。
③ある問題についての特定の学者の見解・学説。

筆者が大学の教員になって読んだ原書（会計のテキスト）に、Vernon Kam, *Accounting*

Theory, John Wiley & Sons, 1986があります。非常にオーソドックスな著書で、会計の歴史から始まり、会計の本質、会計理論、科学としての会計、収益などの会計の諸概念についてわかりやすく述べています。そこで、「会計理論」について、カム（Vernon Kam）の見解をまとめてみます。

包括的な会計理論は、適切な経済的対象を認識し、これらの経済的対象の価値の特性を測定するルールを提供し、ある実務が「正しい」か「誤っている」かどうかの判断を行う。言い換えれば、包括的な会計理論は、適切に利益と資本を測定する方法を我々に提示するのである。理論は、適切なルールや手続きを導き出すために、会計士によって用いられる道具と考えられている。ある企業実体によるルールと手続の適用は、生じたことの「説明」または生じるかもしれないことの「予測」に対する基礎として役立つこととして解釈される結果を招く。しかし、会計理論それ自体は、経済的対象または特定の企業実体の事象の説明または予測を提供するものではない。これは、（自然）科学における理論と会計における包括理論との決定的な相違である。それは、（自然）科学におけるように予測に対する説明または手段を提供する全般的理論自体でなく、特定の体系の結果が全般的理論の基礎のもとに成し遂げられる。（p.326）

カムが何を言おうとしているかおわかりでしょうか。自然科学の理論（説明や予測）の正しさは、実験などで証明されますが、社会科学である会計の理論の正しさは、実験で証明されるわけではありません。そこで、カムは会計理論を次のように説明します。

我々は、会計の総合理論をある一連の仮定、定義、認識および測定の原則、並びに利益と資本を決定する目的のための手続とみなす。会計の特定の方法や手続きは、対応のルールである。(p.326)

ここで、最も洗練された理論形式は演繹法で、具体的には次のように構成されます。

最初のレベルは、最も一般的なステートメントからなる会計公準または基礎概念である。これには「継続企業」の仮定がある。さらに、このレベルには、コスト、価値、資産、負債、収益、および費用の定義がある。会計の目的もこのレベルである。第2のレベルは、会計の原則または基準である。例としては、取得原価、費用収益対応の原則がある。第3のレベルは、定額法償却や棚卸資産評価などの手続(方法)である。(p.35)

以上のカムの会計理論の構造は、図表1のように表すことができます。

米国では、会計理論(Accounting Theory)と名の付く著書が日本に比べ多いように思います。その「理論」の意味するところは一筋縄ではありません。とくに、実証研究で理論と言えば、少々理論の趣が違うようです。それはともかく、理論を導出する方法には、図表2

図表１　会計理論の構造

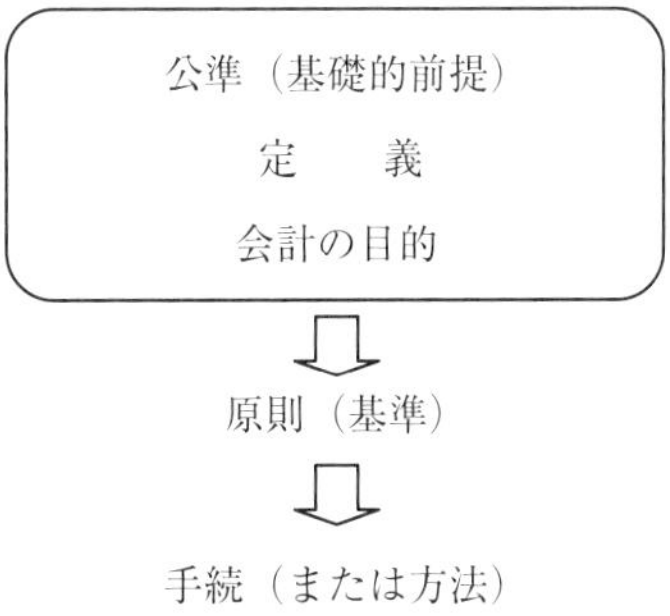

図表２　演繹的アプローチと帰納的アプローチ

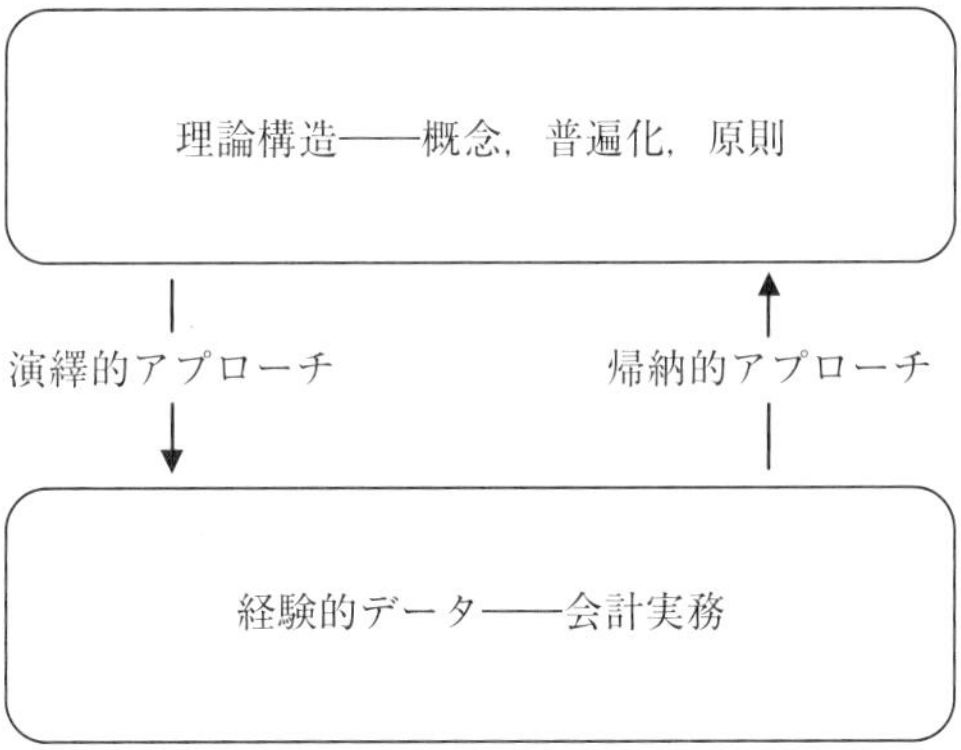

（出所）Sidoney Davidson, Clyde P. Stickney and Roman L. Weil, *Intermediate Accounting*, The Dryden Press, 1981, p.1.

の演繹法と帰納法があります。

演繹法とは、一般から特殊を、普遍から個別を導き出す推理です。つまり、前提となる命題から必然的な結論を引き出す形式的推理で、三段論法はその典型的なものです。これに対して、帰納法とは、個々の具体的事例から一般的な命題や法則を、特殊から普遍を導き出す推理です。

演繹法は、会計実務がどうであるかにかかわりなく、理念的あるいは理論的に会計や会計基準を構築します。例えば、概念フレームワーク（会計の目的、資産などの定義、認識および測定などの基礎概念）から会計基準を制定する米国や国際会計基準審議会（ＩＡＳＢ）のパターンです。これに対して、帰納法は、会計実務から大きく遊離することがなく、理論倒れとなることはありませんが、理論的な首尾一貫性に欠ける傾向があります。例えば、わが国の『企業会計原則』（１９４９年中間報告）の前文は、「企業会計原則は、企業会計の実務の中に慣習として発達したもののなかから、一般に公正妥当と認められたところを要約したもの」と述べ、帰納法を採っています。

米国の会計理論の展開をまとめたものに、米国会計学会（ＡＡＡ）の次の報告書があります。

Committee on Concepts and Standards for External Financial Reporting, ***Statement on Accounting Theory and Theory Acceptance***, AAA, 1977.（染谷恭次郎訳『アメリカ会計学会会計理論及び理論承認』）

本書について、訳者は次のように述べています。

> 会計は、個人又は組織体の経済活動を測定して、これを利害関係者に伝達するという機能を果たしている。会計理論は、こうした測定や伝達の方法を規定し、それに伴って生ずる論争を解決するための基礎とならなければならない。しかしながら、会計理論は会計実務のなかから合理的なものを帰納し、体系化することによって形成されている。また会計データの利用者の意思決定構造を探求するなどして、それから演繹的に会計理論を形成することも試みられている。これまでに多様な理論が提案されている。われわれは、現在のところ、ただひとつの普遍的に認められた基礎的会計理論というものの存在をたしかめることはできない。
>
> 外部財務報告書概念及び基準委員会の報告書『会計理論及び理論承認ステートメント』は、こうした事実を率直に認め、「基礎となる土台がまだ確定していないときに、

このステートメントが、会計に対して、はっきりと認められた概念的な上部構造を提供することはできるわけではない。」として、その課題をこれまでのステートメントとはいくぶん異なったものとした。こうして、『会計理論及び理論承認ステートメント』は、人々が期待するような普遍的に認められる会計理論を提示することなく、むしろ会計人社会が理論的終結を達成できなかった理由を説明しようとしている。多数の理論が存在するなかで、そのひとつの理論をあえて選択しても、現在の論争の解決にはならないし、厳密に批判に耐えることができる理論の終結をもたらさない。こうした問題の性質がよりよく、そしてより広く理解されるならば、「権威ある理論の公表」といった非現実的な期待は減ずるであろうとさえ、述べている。

こうした意味で、外部財務報告書概念及び基準委員会の報告書『会計理論及び理論承認ステートメント』は、会計理論をいま一度その根底から見なおす機会をわれわれに与えてくれている。本書には、これまでアメリカ合衆国で発表された会計理論に関する主要な文献がほとんど余すところなく紹介されている。それらの文献の重要な部分は引用されている。こうした文献の紹介や引用は、会計理論を研究する者に対して、研究の方向や方法を教えてくれる。この訳書が、わが国会計理論の発展にささやかなりとも寄与することができるとすれば、このあたりである。(「訳者のあとがき」)

本書は、文献を古典派モデル、意思決定―有用性接近法、経済情報学の3つに分類し、解説をしています。ここで古典派モデルを取り上げます。

古典派モデルは、帰納論者と演繹論者に区分できます。帰納論者として、ハットフィールド（Henry Rand Hatfield）、ギルマン（Stephen Gilman）、ペイトン（William A. Paton）、リトルトン（A. C. Littleton）および井尻雄二（Yuji Ijiri）をあげています。演繹論者は次にあげる研究者で、彼らは、新古典派経済理論の教えおよび経済行動の観察に基づいて、これまで歴史的記録および保守的計算に専念してきた会計を、カレント・コストもしくはカレント・バリューを表すように再構築しなければならないと提案しています。ペイトン（演繹論者でもある）、マクニール（Kenneth MacNeal）、スプローズ（Robert T. Sprouse）とムーニッツ（Maurice Moonitz）は、適切な情報源を市場に求め、キャニング（John B. Canning）、スウィニー（Henry W. Sweeney）、アレキサンダー（Sidney S. Alexander）、エドワーズ（Edgar O. Edwards）とベル（Philip W. Bell）、ムーニッツは、将来利益の現在価値という資本の見方によって、影響されているようです。

ペイトン、ハットフィールド、キャニング、マクニールの著書は、1970年代に再版されたScholar Book Co.のリプリント版があります。これらのいくつかは後ほど取り上げます。

2　入門書、中級書および上級書

2－1　入門書

入門書として次の3冊を取り上げます。

桜井久勝・須田一幸『財務・会計入門（第8版補訂）』

版が重ねられているということは、それだけ多くの人に読まれているということになるのでしょうが、本書はその例にもれず8版を重ね、コンパクトですが内容が豊富でかつやさしく記述されています。価格も1890円（税込）と手頃で、企業会計の基本システム、会社法会計、金商法会計および法人税法会計さらには国際会計基準に係るテーマ、連結会計、経営分析の手法と幅広く記述されています。購入して繰り返し学習することにより、会計の基礎を身に付けることができます。その後、さらに上級書に挑戦すると良いでしょう。

田中弘『新財務諸表論（第4版）』

本書は、900頁に及ぶ大著で少々価格が高めですが、1頁の文字数は少なくかつやさしく記述されており、非常に親しみやすくかつ読みやすい内容になっています。本書の特徴は、その背景にある論理を明らかにし、ただ暗記するのではなく、理解することに主眼をおいて書かれており、財務諸表の論点や全体像を理解することができることです。例えば、資産について、静態論における資産概念、動態論における資産概念およびサービス・ポテンシャルズ説などの説明がなされています。この種の本は、資格試験の出題傾向が新会計基準などに変わったせいでしょうか、最近少なくなりました。とはいえ、税理士試験など受験をする人にとって欠かせない良書です。

入門をクリアしてさらに何を読んだらよいかと悩んでいる人に、次の著書を薦めます。「入門」と名付けられていますが、これがなかなか奥深いのです。

伊藤邦雄『ゼミナール現代会計学入門（第9版）』

最近、国際会計基準の導入の影響でわが国の会計基準が頻繁に改訂されるので、できるだけ発行年の新しい著書を選ぶのが賢明でしょう。本書は、わが国の会計基準が改訂されるたびに定期的に改訂版が刊行されており、前述の条件を満たしています。内容は、カラー刷りでかつ図表が多く内容が豊富で、入門書の域を超えています。しかも、わかりやすく記述してあります。著者によれば、会計を動画として描いているとのことです。そのため、次の点に注意が払われています。第1に、会計とは企業などの経済主体やそこで働く人の活動を数値で表すので、会計の持つ「ダイナミズム」を失わないように描いてあります。第2に、会計は事業の言語ですから、表現によっては解釈に幅が生じ誤解を招くかもしれないという繊細さを大事にしながら記述に努めてあります。第3に、会計は成熟したものではなく、多かれ少なかれ不可性や曖昧さを持っているということが記述してあります。また、簿記の説明もあります。本書の読者は、学生、実務家および専門家（志望）の人たちが対象です。

2-2 中・上級書

入門書を読み終わったら、次に中・上級書へと進みます。不肖筆者のお薦めのトップ・バッターは、次の著書です。

飯野利夫『財務会計論（三訂版）』

本書は、初級から中級へと段階的に学ぶことができます。中級書といえるのですが、上級書の一部に踏み込んでおり、なかなか読み応えがあります。各章に復習問題、さらに練習問題があり、とくに練習問題が非常に充実しています。参考資料では、本文の内容をさらに深めた上級レベルの内容となっています。ただ、本書は、国際会計基準（IFRS）導入後の金商法会計などによる時価主義の採用などに対する改訂がなされておらず、注意して読まなければなりませんが、取得原価に基づく財務会計を論じたものとしては最良のテキストであると思います。現在でも出版されていることからもそれがうかがわれます。

醍醐　聰『会計学講義（第4版）』

本書は、通説に基づき会計学を説明し、【補説】でさらに理解を深める工夫がなされています。また、【事例】では、会計学の学習に少しでもリアリティを持たせるために、日本経済新聞に掲載された会計記事を取り入れ、参考文献では、学習に役立つ文献について注釈をつけ、学習者の便宜を図っています。それほど分厚い本ではないのですが、内容は非常に濃いコンパクトな良書であるということができます。

広瀬義州『財務会計論（第11版）』

「税理士試験（あるいは公認会計士試験）を受けたいのですが、どの本を読んだらいいでしょうか？」と尋ねる学生に、まず本書を薦めることにしています。本書は、大学、大学院、ビジネススクールのテキスト、およびビジネスパーソンの独習書として書かれています。会計理論をタテ糸に簿記の理論をヨコ糸にして企業会計制度を論述しており、いわゆる米国型テキストの趣があります。この他、金商法会計、外貨換算会計、連結会計、税効果会計など個々の会計基準を取り上げて説明がなされています。単純な例からスタートして、条件を追加しながら完全にマスターできるように工夫されています。カラー刷り、図表が効果的に配置され、章末にはKey Wordsありで、850頁を超える大著で3990円（税込）は経済的であると思います。ただ、本書を読みこなすには、相当の根性が必要ですので、心して頁をめくってください。なお、本書の姉妹編としてブラッシュアップするため、問題集があるようです。

次に、簿記の中・上級書をあげておきましょう。次の2冊は、簿記の内容が網羅されており、これらを読めば簿記は完璧に習得できるのではないでしょうか。

武田隆二『簿記Ⅰ簿記の基礎〔第5版〕』

簿記の一巡（仕訳→元帳→試算表→精算表）、商品売買の処理、現金預金取引、手形およびその他債権・債務取引、有価証券・固定資産の処理について、単なる技術としてではなく、技術を通じて理論も学ぶという視点で、わかりやすく書かれています。また、全頁カラー版で、カラフルでビジュアルな非常に読みやすい本です。価格3990円（税込）が高いかどうかは、あなた次第でしょう。

武田隆二『簿記Ⅱ決算整理と特殊販売［第5版］』

武田簿記の特徴である図表が巧みに配置され、決算整理が詳細に説明されています。減価償却の説明は圧巻です。難解な特殊商品売買のうち割賦販売の説明は、数種の処理方法が比較対象して説明されており、全体像が把握できて理解しやすくなっています。最後に、商的工業簿記が配置されています。税理士志望の学生が日商簿記検定1級を受験したいのでどのように勉強したらよいか質問に来ることがありますが、「税理士試験の簿記論の商的工業簿記は日商簿記検定試験の2級の工業簿記を理解していれば十分なので、1級の工業簿記や原価計算を勉強する時間を商業簿記の勉強時間にあてる方が効率的ですよ！」と答えることにしています。もちろん、公認会計士試験受験者は、ステップ・アップしていくために日商簿記検定1級を受験することは意味があります。

この他、武田には『簿記Ⅲ株式会社会計［第3版］』（税務経理協会、2001年）があります。本書には、一般的な株式会社会計の他、自己株式の会計やストックオプションの会計などの詳細な説明はありますが、残念ながら2006年会社法改正が織り込まれていません。

3　学会誌・雑誌

3－1　わが国の学会誌・雑誌

わが国および米国における会計関連の主な学会誌および雑誌を取り上げます。経営および商学系の学部・学科のある大学の図書館や資料室には配架されていると思われます。配架されていない場合は、大学間相互利用を活用してください。最近は少なくなりましたが、IFRS導入についての議論が華々しい頃には、『日本経済新聞』紙上に多くの会計記事が掲載されました。日経テレコン21（佐賀大学では附属図書館からアクセスできます）などで過去の記事の検索ができます。また、『週刊エコノミスト』（毎日新聞社）、『週刊ダイヤモンド』（ダイヤモンド社）、『週刊東洋経済』（東洋経済新報社）、『日経ビジネス』（日本経済新聞社）の週刊経済誌に時折会計記事が特集されます。要チェックです。

月刊誌『會計』（森山書店）

わが国の会計雑誌と言えば、まず『會計』をあげなければならないでしょう。この生い立ちは、少々説明が必要です。1917（大正6）年、わが国最初の全国的な会計学研究団体として「日本会計学会」（会員は実務家および会計学者など）が創設されました。発起人は、下野直太郎、東奭《ひがしせき》五郎《ごろう》、吉田良三、中村茂男の4氏です。下野は東京商科大学（現一橋大学）教授で『簿記精理』などの著書があります。東は、明治36年に『新案詳解商業簿記』を著しました。この著書には会計の歴史の記述があります。この歴史の記述は、P. Kelly, *The elements of BookKeeping,* 1805 の“A SHORT HISTORY OF BOOK-KEEPING”（約5頁）をもとに書かれたものだそうです。この Kelly の著書は、カリフォルニア大学蔵書のリプリント版がアマゾンで購入できます。手元にあるのがそうですが、3000円くらいだったでしょうか。また、東は、神戸高等商業学校（現神戸大学）の教授となり、退職後わが国で初めて会計事務所を、1922（大正11）年に「社団法人日本会計士会」を設立し、会長になっています。吉田は、東京商科大学（現一橋大学）教授で『近世簿記精義』など多数の著書を著し、わが国の簿記の発展に大きな貢献をした学者です。中村は、明治大学教授で大正初期に学科の名称として会計学か計理学かを鹿野清次郎と論争をしたことで有名です。結果的に、鹿野の主張する計理学ではなく、中村の主張する会計学が定着することになります。それはさておき、この学会の機関誌として発刊されたのが『會計』です。ところが、1937年に「日本会計学会」を母体として、これより分離独立した会計学者を中心とした「日本会計研究学会」が吉田良三、太田哲三、長谷川安兵衛、黒澤清の諸氏により発足しました。同時に、「日本会計学会」は会員の募集を停止し、活動を休止しました。「日本会計研究学会」

は、会員約2000名を擁し、会計学の分野における名実ともにわが国最大の学会となっています。さて、「日本会計学会」が活動を休止した後も、その機関誌『會計』は発行されつづけ、「日本会計研究学会」の準機関誌と位置付けられています。『會計』は、経済、経営および商学系学部のある大学の図書館の雑誌閲覧室などで読むことができるでしょう。バックナンバーは各大学の書庫にあるはずです。バックナンバーはDVDにも収録されています。『會計』は、「日本会計研究学会」会員の投稿原稿から構成されています。当該学会の全国大会における統一論題（財務会計、管理会計および監査の3分野がそれぞれテーマを決めて報告と討論を行います）の報告者の論文と円卓討論の速記録が掲載されます。また巻末に掲載される外国の文献目録は必見です。どのような論文が発表されているかチェックできます。

なお、日本会計研究学会は、学会誌『プログレス』を年1回刊行しています。この他、日本簿記学会『日本簿記学会年報』、国際会計研究学会『国際会計研究学会年報』（経費削減でしょうか。2012年度から雑誌として刊行されず、電子データとして編集されています。執筆者は、紙データによる抜刷がもらえるようです）、日本会計史学会『日本会計史年報』、日本会計理論学会『日本会計理論学会年報』があります。会員にしか配布されませんので、会員でない学生は、会員となられている先生から借りるしかありません。その他、日本監査学会、日本経営分析学会、日本税務学会などが学会誌を発行しています。

季刊誌『季刊会計基準』（企業会計基準委員会）

『季刊会計基準』は、企業会計基準委員会（ＡＳＢＪ）の機関誌です。その名のとおり年に4回発行されます。『季刊会計基準』は大学の図書館などに所蔵されていれば、それを利用すれば良いのですが、購入する場合市販されておらず、直接出版社（第一法規）に注文しなければなりません（ＡＳＢＪのＨＰを参照）。内容は、ＡＳＢＪの活動状況を紹介するとともに、国際財務報告基準（ＩＦＲＳ）の解説、わが国の会計基準や公開草案などの解説が紙面を埋めています。

注意しなければならないのは、ＡＳＢＪのホームページでは公開草案や論点の整理にアクセスできますが、会計基準そのものや公開草案に対するコメントレターには、会員しかアクセスできないことです。少々不満がありますが、財団運営の資金調達のためにやむをえない措置なのでしょう。

改訂あるいは新会計基準は、少し遅れますが前述の『企業会計』などの付録に掲載されるのを待つしかないでしょう。また、後述の会計規則集を利用することを薦めます。

月刊誌『企業会計』（中央経済社）

1949年に創刊された会計専門雑誌です。企業を対象とした企業実務向けの論文や記事が多く、会計研究者の論文も掲載されます。投稿者は、大学関係者、公認会計士、税理士および企業経理担当者などです。毎号「特集」、決算期になると決算特集、IFRSへのコンバージェンス（収斂《しゅうれん》）が話題になるとIFRSに関連した特集などが組まれます。また、Corporate law, Accounting News, IAS/IFRS, FASB, TAX, Disclosure, Audit の見出しでそれぞれの最近の情報が把握できるのは会計の動向を知る上で有用ですし、コラムも充実しており、必見です。また、IASB、米国財務会計基準審議会（FASB）および日本の会計基準やその改訂などが公表されると解説記事が掲載され、本文が付録として綴じ込まれることもあります。かつては企業会計原則関連の特別号（別冊）、最近ではIFRS関連の特別号（別冊）が発行されています。巻末には、中央経済社に送られてきた大学や他雑誌などの文献目録が掲載されています。要チェックです。

中央経済社からは、かつて『月刊簿記』が発行されており、当時の新進気鋭の研究者が投稿しており簿記研究に欠かせない論文の宝庫となっています。『月刊簿記』は廃刊になりますが、何せ古い雑誌ですので、どこの大学の図書館にも所蔵しているというわけにはいかないようです。大学間相互利用などにより、閲覧あるいはコピーをしてみてはどうでしょうか。

中央経済社からは、この他『旬刊経理情報』が発行されています。企業の財務・経理担当者向けの雑誌ですが、ＩＦＲＳなどの会計記事も多いので参考になります。情報の速報性が重視される昨今、月刊ではなく旬刊というのが特徴です。

月刊誌『税経通信』（税務経理協会）

本誌は、企業の経理担当者向けの税務および会計関連雑誌です。どちらかと言えば、税務中心ですが、会計関係の論文も定期的に掲載されています。最近ではＩＦＲＳ関連の特集号なども発行されており、税務中心で実務家を対象としているとは言え、チェックを怠ってはならない雑誌の１つです。『企業会計』と同様に、最初にNews and Informationとして、税務、会計などの１ヶ月の出来事がまとめられています。

季刊誌『産業経理』（産業経理協会）

財団法人産業経理協会が年に４回発行している雑誌です。かつて『産業経理』は月刊誌でしたが、現在は季刊誌となっています。月刊誌の頃は市販されていましたが、季刊誌になってからは市販されていません。論文は、ほとんどが研究者による投稿で、雑誌の性格上アンケート調査なども掲載されています。毎号掲載される「コラム」は、1頁ですが興味深く読むことができます。バックナンバーは、DVDで検索することができます。

月刊誌『会計・監査ジャーナル』（日本公認会計士協会）

本誌は、日本公認会計士協会（JICPA）の機関誌でA4版です（後述の米国公認会計士協会（AICPA）の機関誌もJournal of AccountancyもA4版）。JICPAの機関誌は、『会計ジャーナル』（B5版）という雑誌名でしたが、1980年1月号から『JICPAジャーナル』（B5版）に名称が変わり、2007年1月号から現在の雑誌名になっています。IASBの会議や会計基準の検討状況、JICPAの活動状況、公認会計士によるIFRSの解説、IASBやFASBの理事などの講演・座談会および会計学研究者の論文が掲載されています。JICPAの機関誌ですから、会社決算や監査などの実務に係る特集が組まれることもあります。東京の市ヶ谷のJICPAの本部には資料室があり、資料の閲覧ができます。また、FASBから会計基準が公表されると翻訳がなされますが、それをコピーすることができます。1枚10円です。地方に住んでいると頻繁に市ヶ谷に行くことはできませんので、学会など出張の折にコピーをするようにしています。ただし、土日は休みで、平日も勤務時間内しか利用できませんので注意が必要です。詳しくは、JICPAのホームページ（HP）で確認をしてください。

最後に、受験雑誌を紹介しておきましょう。

月刊『会計人コース』（中央経済社）

税理士試験および公認会計士試験の受験雑誌として毎月発行されています。本誌では、毎号特集記事を組み、また税理士試験の簿記論、財務諸表論、法人税法などの税法科目の連載があります。特集記事は、受験のための税法改正案をいち早く取り上げたり、日商1級対策や公認会計士試験のための短期集中講座を掲載したり、内容は豊富です。受験雑誌として、試験委員の紹介、税理士試験や公認会計士試験の合格者の状況、試験日の案内、申し込みなどについての情報提供も参考になります。付録や予想問題の臨時増刊号が定期的に発行されます。

月刊『税経セミナー』（税務経理協会）

受験雑誌として、本誌は、会計人コースと同じように伝統があります。内容については、会計人コースとそれほど差はなく、甲乙つけがたいところです。本誌には、毎号付録がついてきますが、ポイントが押さえられており非常に参考になります。また、定期的に簿記論や財務諸表論の臨時増刊号が発行されています。受験日が迫ってくると、予想問題など臨時増刊号が発行されています。

ただ、これらの受験雑誌は、簿記や財務諸表論の記事が多く、これらの科目に合格すると、その内容に物足りなさを感じるかもしれません。また、税理士試験と公認会計士試験の受験雑誌ということで、公認会計士受験者のうち初心者はともかく、受験に精通したものにとっては物足りなさがあるように思います。ただ、2013年9月号をもって休刊となるようです。

3－2　外国の学会誌・雑誌

次に、主たる米国の学会誌と雑誌を2つあげてみます。

季刊誌『アカウンティング・レヴュー』（米国会計学会）

米国会計学会（AAA）の前身である米国会計学担当大学教員協会（AAUIA）が1916（大正5）年に設立され（1936年にAAAと改称）、1926年にAAUIAは季刊誌『アカウンティング・レヴュー』（*The Accounting Review*）を創刊しています。以来、米国の会計を先導する優れた論文を掲載してきました。とくに、1930年前後から

1950年代には、米国の会計原則統一化に係る論文が数多く掲載され、わが国の会計原則制定論議に多大なる影響を与えています。また、1930年前後には、簿記・会計史に係る貴重な論文が数多く掲載され、我々に多くの示唆を与えてくれます。ただ、1960年以降、実証研究に係る論文が主流となり、筆者にとって、本誌はワンダーランドとなってしまいました。

現在、米国における簿記・会計史研究成果の中心は、米国会計史学会の機関誌 *The Accounting Historians Journal*（年2回刊行）に移っています。紐解いてみると、なかなか興味深い論文などがあります。また、米国会計史学会は、Accounting History Classic の復刻版を出版しており、1800年代の簿記や1900年代初期の会計書をたやすく読むことができます。

月刊誌『ザ・ジャーナル・オブ・アカウンタンシー』（米国公認会計士協会）

『ザ・ジャーナル・オブ・アカウンタンシー』（*The Journal of Accountancy*）は、米国公認会計士協会（AICPA）の機関誌で月刊です。AICPAの前身は、米国公共会計士協会（AAPA）で1905（明治38）年に設立されました。同年、『ザ・ジャーナル・オブ・アカウンタンシー』が創刊されています。AAPAは、1916（大正5）年に米国会計士協会（ＡＩＡ）になりました。ＡＡＡの前身のＡＡＵＩＡが設立された年です。ＡＩＣＰＡになったのは、１９５７年です。

『ザ・ジャーナル・オブ・アカウンタンシー』は、ＡＩＣＰＡの機関誌ですから、会計基準、監査などの実務の論文や記事が多いのは当然です。また、会員向けのＡＩＣＰＡの活動状況を発信しています。ただ、『アカウンティング・レヴュー』のように実証研究が紙面を飾ることはありません。１９３０年頃は、簿記・会計史の論文もありましたが、近年そういうこともありません。

会計士協会関係の機関誌としては、英国・ウェールズ勅許会計士協会の『ザ・アカウンタンシー』（the Accountancy）も伝統があります。オーストラリア人であるチェンバース（Raymond J. Chambers）の創刊した雑誌 *Abacus* も有名です。*Abacus* は「そろばん」という意味だそうです。実証会計理論を展開したワッツ（Ross L. Watts）とジンマーマン（Jerold L. Zimmerman）は、*The Journal of Accounting and Economics* を創刊し、自派の研究成果を発表しています。この種の雑誌に *The Journal of Accounting Research* があるようです。

4　文献目録

学会誌や雑誌などのほかに各大学では紀要（論文集）を定期的に刊行しています。その数は膨大で、古い論文など探し出すのは骨が折れます。その手間を省くのに格好の本が出版されています。ぜひ、参考にしてください。

染谷恭次郎監修『我国会計学の潮流』（全3巻）

本書は、1946年から1955年の間に雑誌、大学の紀要などに発表された主要な論文が、会計の分野ごとに収録されています。第1巻は、まず染谷恭次郎司会、黒澤清、阪本安一、飯野利夫による座談会があり、会計学一般、簿記及び簿記史の2つの分野で構成されています（747頁）。第2巻は、会計原則、資産会計、持分会計の分野から構成されています（644頁）。第3巻は、管理会計、監査、会計学と隣接科学の分野から構成されています（623頁）。

染谷恭次郎監修『我国会計学の展開』（全3巻）

本書は、1956年から1975年の間に雑誌、大学の紀要などに発表された主要な論文が、会計の分野ごとに収録されています。第1巻は、まず染谷恭次郎司会、飯野利夫、江村稔、諸井勝之助、増谷裕久による座談会があり、会計一般、損益計算、会計主体、学説研究の分野から構成されています（587頁）。第2巻は、財務報告（財務諸表、企業会計原則）、会計法規、監査、簿記・会計史の分野から構成されています（664頁）。第3巻は、管理会計、原価計算、予算、経営比較、経営分析の分野から構成されています（569頁）。『我国会計学の潮流』と同様に値段も高く、個人では手に入れることは大きな負担を伴います。

さて、文献の収集ですが、古いところでは次の文献目録があります。

中央経済社編『会計学文献目録大集』

本書を編集した中央経済社の「自負」が次のように語られています。

本書は、戦後約二十年間に刊行された大学研究機関誌、一般雑誌、単行本等より、会計学に関する論文・著作を収集し、体系的に分類・整理し、年代順に配列したもので、大学研究機関誌より約二千三百項目、一般雑誌より約一万五千項目、単行本より約一千二百項目を収録してあり、重要文献のほとんどすべてを網羅し得たものと信じている。このような類書が皆無に等しい今日、本書は、会計学の研究上、有用な基礎資料を提供し得たものと自負しており、本書が、会計学者、研究学徒、会計実務家の方々によって十分に活用され、これからの会計学発展に、いくらかでも貢献し得るならば、当社にとっても、まことに望外の幸せである。（「序文」）

染谷恭次郎編『会計学文献目録―明治・大正・昭和初期―』

本書は、明治、大正、昭和前期（昭和20年まで）に、大学、高等専門学校の機関誌や会計その他経済雑誌に発表された、会計に関する論文・資料などの文献目録です。会計基準、損益計算書、評価、企業会計の論理構造、簿記、金銭・債権・有価証券、棚卸資産、固定資産、繰延資産、減価償却、資本などの分野ごとに掲載されています。

佐藤孝一『会計年表』

本書は、紀元前3400年メソポタミアから1867（慶応3）年の明治時代以前、明治時代、大正時代、昭和時代／1969（昭和44）年の時代区分に応じた会計年表です。1969（昭和44）年で終わっているのは残念ですが、会計学を勉強するうえで貴重な文献となるでしょう。

5　会計学辞典および会計規則集

5－1　会計学辞典

会計学辞典として、次の2冊が代表的なものでしょう。

神戸大学会計学研究室編『第六版会計学辞典』

1974年に第四版、1998年に第五版、そして2007年に第六版が出版されています。豊富な項目および詳細な解説で、わが国の会計学辞典の中では代表的なものです。その項目は、大きく会計学一般、財務会計、簿記、原価計算、管理会計、監査、税務会計、国際会計、情報会計、会計史、財務諸表分析に分類されます。さらに、会計学一般は、総説、会計公準、会計原則・基準、企業会計原則および会計学説史の各項目の解説がなされています。

編集代表　安藤英義・新田忠誓・伊藤邦雄・廣本敏郎『会計学大辞典―第5版―』

『第六版会計学辞典』が神戸大学関係者により編纂されているとすれば、本辞典は一橋大学関係者により編纂されています。ただ、本会計辞典は、編集代表者の世代交代に伴い新しく編集されているようで、２色刷りで文字も大きく、読みやすくなっています。その項目は、Ⅰ 企業会計、Ⅱ 財務諸表、Ⅲ 財務会計、Ⅳ 簿記、Ⅴ 原価計算、Ⅵ 管理会計、Ⅶ 経営分析、Ⅷ 会計情報システム、Ⅸ 監査、Ⅹ 非営利組織会計、Ⅺ 企業社会会計、Ⅻ 会計法規、会計団体、会計学者、税務会計に分けられています。

最近、会計用語もインターネットで検索することができます。レポートを書かせるとコピペで済ませる学生も少なくありません。しかし、辞典で時間を掛けて調べると、それなりに身に付くものです。楽して手に入れたものは、忘れるのも早いのではないでしょうか。

5-2 英文会計用語辞典

米国で出版された原書や国際財務報告基準（ＩＦＲＳ）を読むための辞典を３冊あげておきます。

> Joel G. Siegel and Jae K. Shim, *Barron's Dictionary of Accounting Terms*, 4th Edition, 2005.（堀内正博・佐々木洋和・濱田眞樹人訳『バロンズ英文会計用語辞典』）

アマゾンで手に入る米国のコンパクトな会計用語辞典です。訳書は、原書第４版で

4800円（税込）です。原書は現在第5版が出ているようですが約1800円。原書は、アマゾンでパチンコに行くのを1回自重すれば、楽勝で購入できます。

英語の会計原書を読む場合の辞書として1冊あげるとすれば、次の辞書が適当でしょう。会計専門用語の訳語は、一般の辞書にあまり載っていませんので、ぜひ手元において原書を読んでください。

山田昭広『英文会計用語辞典（第3版）』

英文会計用語辞典の中でもこの辞書が最も使い勝手があります。定期的に改訂されており、最新の用語が収録されています。とは言え、コンパクトな辞典ですので何でも収録されている用語には限界があるかもしれませんし、その訳語が定着しているかどうかという問題もあります。そのことを割り引いても、1冊は手元に置いておきたいものです。

長谷川茂男『英和・和英コンパクトIFRS用語辞典』

IFRSを読むための英和・和英用語辞典です。英和編、和英編および基準編からなります。とくに基準ごとに解説がありますが、IFRS学習の参考になります。しかし、本辞典の出版後もＩＦＲＳは改訂され、また新しい基準が公表されていますので、その点で少々不満は残りますが、参考にはなるでしょう。

5－3　会計規則集

手頃でコンパクトな会計規則集には、次の２冊があります。

中央経済社編『新会計法規集』中央経済社。

最近、縦書きから横書きになり、さらに利用しやすくなりました。文字も少し大きくなったようです。また、インデックスが付録としてついているので、調べるときに便利です。ただし、インデックスは自分で当該箇所に貼る必要があります。本法規集は、会計諸基準、金融商品取引法（金商法）、会社法、その他関連法規（税理士法など）から構成されています。会計諸基準は、「企業会計原則」、企業会計基準委員会の会計基準などが収録されています。金商法は「財務諸表等規則」、会社法は「会社計算規則」などの会計に関する規則が収録されています。新しい会計基準などが公表され、法・規則が改正されると定期的に改訂されます。会社の経理担当者の業務や公認会計士および税理士試験の受験者の学習に役立つでしょう。ただし、会計基準に対応して企業会計基準委員会が作成する実務指針が収録されていません。実務指針は、具体的な事例とその会計処理を示したもので、非常に参考になるのですが、あくまでも参考であり強制力はありません。

税務経理協会編『会計諸則集』税務経理協会。

本諸則集は、重要項目がカラーで印刷され、赤いシートが付属としてあり、暗記するのに便宜が図られています。とくに、公認会計士および税理士試験の受験者の学習に役に立つよう工夫されています。

6 世界最古の簿記書

世界最古の簿記書は、フランセスコ派の修道僧ルカ・パチョーリ（Luca Pacioli）が1494年に刊行した*Summa de Arithmetica, Geometria, Proportioni et Proportionalita*（『算術、幾何・比および比例総覧』）の中の1章にある*Tractatus Particularis de Computis et Scripturis*（計算および記録詳論）と言われています。もっとも、ベネデット・コトルグリ（Benedetto Cotrugli）が1458年に*Della mercatura et del mercanteperfetto*（『商業と完全な商人』）を脱稿していたと言われていますが、115年近く埋もれ、ベニスで出版されたのが1573

年で、世界で最初に出版された簿記書の栄誉を手に入れることができませんでした。それはともかく、ルカ・パチョーリの本書は略して『スムマ』と言い、もともと代数に関する最初の文献でした。ついでに、パチョーリの呼び名には諸説がありますが、Lucaを用いないときにはパチオロ（Paciolo）となると言われています。

わが国では、平井泰太郎「『ぱちおり簿記書』研究」『会計論集』第4集（1920（大正9）年）がパチオロ簿記書翻訳の先駆けと言われています。平井のパチオロ簿記書研究は、片岡泰彦編集『我国パチョーリ簿記論の軌跡（全2巻）』（雄松堂書店、1998年）に所収されており、現在読むことができます。本書は、上巻650頁、下巻576頁からなり、価格も50000円と高価ですので、個人で購入するには荷が重すぎます。大学の図書館で蔵書を確認してください。

『我国パチョーリ簿記論の軌跡』は、パチョーリの『スンマ』出版五百年記念事業として企画したものである。本書は、1920（大正9）年から1997（平成9）年にかけて大学、短大、高等専門学校等の機関誌、会計専門誌等に発表されたパチョーリ及びパチョーリ簿記論に関する論文、翻訳そして資料等の中から五十六編を選んで発行年代順に収録している。（編者のことば、i頁）

この他、わが国の翻訳書および研究書として、片岡義雄『パチョーリ「簿記論」の研究』（森山書店、1956年）が出版されています。
本書によれば、パチョーリの「簿記論」の主な特徴は、次のとおりです。
（1）簿記の帳簿は3種であって、日記帳・仕訳帳および元帳がこれである。
（2）仕訳帳は、単に日記帳に記入した取引を、借方および貸方に仕訳するばかりでなくて、価額を換算・統一する任務をもっていた。
（3）損益勘定は、現今のように営業年度ごとに作成するのではなく、各冒険商売の終了するごとに、これを作成した。
（4）したがって、商品売買勘定を欠き、また商品棚卸のことを欠いていた。
（5）元帳の締切および試算の方法が特殊であった。（「序言」）
ルカ・パチョーリの簿記書は、簿記の知識がなければその意義はわかりにくいかもしれません。しかし、日本商工会議所簿記検定試験の3級程度の知識を持って読めば、その歴史的価値を実感できるでしょう。

この他、邦訳書に本田耕一訳『パチョーリ簿記書』、英訳書として、John B. Geijsbeek, *Ancient Double-Entry Bookkeeping*, 1914. があります。これはA4版の大きさで左の頁に原文、右の頁に英訳が配置されています。筆者の手元にあるのはScholars Book Co. による1974年のリプリント版です。

この他R. Gene Brown and Kenneth S. Johnson, *Paciolo on Accounting*, 1963. が出版されています。

ところで、茂木虎雄によれば、『スムマ』の原本は初版が日本大学、神戸大学、慶應義塾大学、早稲田大学に、2版が関西学院大学、大阪学院大学、大阪商業大学にあるそうです。九州では、久留米大学が初版を所蔵しています。これは、久留米大学が所蔵するハーウッド文庫のうちの1冊です。ハーウッド文庫は、ニューヨークのハーウッド会計事務所が所蔵していた1494年から1900年にわたる簿記・会計学に関する貴重な文献のコレクションです。原本の他マイクロフィルムもあります。

パチオロの簿記書は、ハットフィールドの論文でも簿記がいかに科学たり得る学問かを明らかにするために取り上げています。A. C. Littleton, *Accounting Evolution to 1900*, The Ronald Press Company, 1933.（片野一郎訳『リトルトン会計発達史』同文館、1952年）は、「簿記の尊厳」としてハットフィールドのこの論文を引用しています。

Henry Rand Hatfield, "An Historical Defense of Bookkeeping", *The Journal of Accountancy*, Vol.37 No.4, 1924（April）

本論文は、簿記の名誉回復を求めてその科学性を明らかにした13頁にわたるもので、

1924年に米国会計士協会（American Institute of Accountants: AIA）（現米国公認会計士協会American Institute of Certified Public Accountants: AICPA）の機関誌 *The Journal of Accountancy* に掲載されました。この論文は、AAUIA第8回大会（1923年）において、ハットフィールドが“An Historical Defense of Bookkeeping”（「簿記の歴史的弁護」）と題して講演したものです。Maurice Moonitz と A. C. Littleton 編集の *Significant Accounting Essays*, 1965.（最近、個人でアマゾンを通じて古本を購入しました）に再収録されています。

教養高きハットフィールドの論文は、哲学者の名言や文学作品からの引用ありで、語学力に乏しい筆者にとっては紐解くのはなかなか難しかったのですが、雑誌『會計』のバックナンバーを調べていたら、翻訳がありました。慶應義塾大学学生小篠相一訳による「簿記法の為の史的弁護」『會計』第14巻第5号、1924（大正13）年です（漢字は現代表記）。慶應義塾大学の岡田誠一の序文があります。翻訳は、当時の格調高い文語調風で、昔の大学生の語学力の高さに感服しました。しかも、ハットフィールドの論文が *The Journal of Accountancy* に掲載されてすぐのことでした。

それはさておき、ハットフィールドは次のように嘆きます。

大学で会計を教える我々すべては、会計を邪魔者とみる同僚により侮りを受けてきた。それは、予言者の間のサウルやあたかもその存在が学問の殿堂の神聖さから注意をそらすパリアのようなものである。

我々自身、会計の哲学と同じように会計の科学、または会計の技術を語るのは正しいことである。会計は、J. McKeen Cattell によれば、悲しいかな疑似科学とされる。その成果は、サロンにも国立アカデミーにも展示されることはない。現実主義者、理想主義者および現象論者もそれについて議論しない。ヒューマニストは、我々を無限について考えたり、物事の難解な精神を捜し求める代わりに、金儲けに精を出すケチな人間と見下す。科学者および技術者は、我々を何事かを為しとげるのではなく、記録するのに有能な者として軽蔑する。（中略）会計に対する侮りは、大学内に限られるものではなく、ほとんど一般的である。それは、話題にされないこと、会計学を専攻する人への恩着せがましさ、洗練された文学作品から排除されていることにより証拠づけられる。

（p.241）

そこで、学問として簿記をルカ・パチョーリに例を引きながら述べています。また、有名な数学者が簿記についての著書を出版していることを紹介して、学問として簿記の正統性を弁護しています。

7 簿記・会計史の名著

7―1 ウルフの会計史

カー（E. H. Car）は、「歴史というのは、獲得された技術が世代から世代へと伝達されて行くことを通じての進歩ということなのです」、「歴史における客観性……というのは、事実の客観性ではなく、単に関係の客観性、つまり、事実と解釈の間、過去と現在と未来の間の関係の客観性なのです」と述べています（E・H・カー著、清水幾太郎訳『歴史とは何か』岩波書店、1952年、169頁および178頁）。

カーによれば、歴史は単なる知的関心の対象ではないようです。では、簿記・会計の歴史研究の意義はどのように考えたら良いのでしょうか。文献を紐解いてみましょう。

Arthur H. Woolf, *A Short History of Accountants and Accountancy*, London, 1912.（片岡義雄・片岡泰彦共訳『ウルフ会計史』）

片岡義雄・片岡泰彦は、「訳者のことば」で次のように述べています。

本書は、ブラウン（R. Brown）およびペンドルフ（B. Penndorf）の会計史研究書とともに、簿記、会計および会計士の歴史に関する「古典」と称すべきものであって、わが国はもちろん、世界の会計学徒に対し、会計および会計史文献として多くの影響を与えている。

ウルフ自身は、「多数の著書に散見する会計の歴史に関する多くの事実を集めたにすぎない」と、謙虚に語っている。また、本書の取扱った時代は、古代と中世が中心であり、近代に関する部分は比較的少い。しかし、現在各国の著名な会計学者が指摘するように、本書は、会計の歴史に興味を有する人々にとって極めて有用であり、かつ現在論議されている会計史の問題に関して、多くの有意義な見解を含んでいる。会計および会計史にたずさわる研究者はもちろん、会計に興味をもつ一般の人々にとっても、一読の価値を有する名著であると私達は信じている。（「訳者のことば」）

ウルフは、ロンドン大学の出身であり、テンプル法学院所属の弁護士でした。ブラウンは、スコットランドの勅許会計士（Chartered Accountant）でグラスゴー大学商事法の教授を務めたこともあるそうです。なお、ブラウン編著に *A History of Accounting and Accountants*（T. C. & E. C. Jack, 1905）があります。この本は、４５９頁の大著です。大学の図書館に所蔵されているでしょうが、アマゾンでリプリント版が３０００円くらいで手に入ります。

奮発して購入してはどうでしょうか。辞書を片手に挑戦してみる価値はあります。ペンドルフの著書はドイツ語です。ここではパスします。

また、『ウルフ会計史』でよく引用されるのが次の文章です。

会計の歴史は概して文明の歴史である。高度の発展段階に到達した国民は、いずれも広範囲な商業方式を営んだことをわれわれは知っている。ところで、商業は正確な会計を行うべき多少精巧な方法なしには、これを築き得ないことは明白である。それゆえに、会計は文明の進歩と手をたずさえて来たことになる。商業は文明の侍女といわれたが、同様に会計は両者の侍女であるといっても誤りではない。換言すれば、文明は商業の親であり、会計は商業の子供である。したがって、会計は文明の孫に相当することになる。

(片岡訳「序論」)

7-2　リトルトン会計発達史

会計の歴史書と言えば、前述のリトルトンの会計発達史は必読書でしょう。翻訳書も出版されており、現在でも入手できます。

Littleton, A. C., ***Accounting Evolution to 1900***, American Institute Publishing Co., 1933, reprinted by the University of Alabama Press edition, 1981.（片野一郎訳『リトルトン会計発達史』）

リトルトンは、会計の歴史について、次のように述べています。

会計の歴史についてもまた、普通の歴史にみるように、物語の底には事件の相互関連性が流れているのであり、変化ということがそこでも永遠に続くエレメントなのである。会計というような特殊分野においては、政治的事件の場合ほどには、未来展望をつよく必要とすることは、まず、あるまい。しかし、会計もまたやはり進化の過程をたどっているのである。─現在でさえも、それは将来につながる非常に大きな変動のまっただ中にあるのかもしれない。─もし、われわれの史的展望が貧弱であれば、その動向を見究わめるわれわれの身構えはお粗末なものでしかないわけである。もし、その動向について朦朧とした認識しかもたないならば、その発展に貢献し得るわれわれの力は、およそ底の知れたものである。それゆえに、われわれは、現実のいそがしい仕事に追われながらも、簿記と会計の興味ゆたかな過去について相当な知識をもたなければいけないのである。（片野訳「序文」）

上記リトルトンの原書の翻訳書は、前述のとおり現在でも手に入りますが、ただ、7000円しますので、学生にとっては少しフトコロが痛みますね。図書館で借りて読む手もありますが、買って繰り返し読む価値は十分あります。この増補版というのは、「A・C・リトルトンの人と学説」という章が追加されているだけのようです。ちなみに、筆者の所蔵するのは1976年に出版されたもので2800円（当時、消費税はありません）です。原書の初版は1933年に出版されていますが、the University of Alabama Press Edition が1988年にリプリントで出版されています（リプリント版にリトルトンの序文はありません！）。

さて、複式簿記の起源について、古代ローマ説と中世イタリア説が有名ですが、第5章で取り上げたカム（Vernon Kam）の著書により複式簿記の起源を辿ってみましょう。カムは、古代社会から封建社会への時代を図表3のように区分します。

カムによれば、複式簿記は13世紀のイタリアに出現し、最も古い記録は13世紀末にさかのぼるが、複式記入はそれ以前にバビロニア、エジプト、ギリシャ、ローマなどでも行われていたということです。ここで注意しなければならないのは、複式簿記と複式記入を区分していることです。バビロニア、エジプト、ギリシャ、ローマなどでどのような記帳が行われ、

図表３　古代社会から封建社会への時代区分

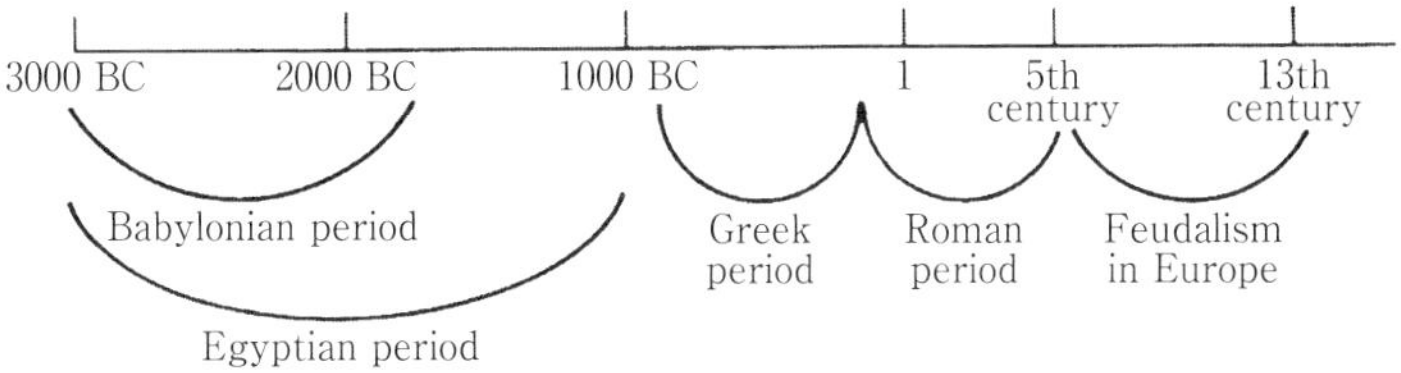

Pyramids and Sphinx built c. 2650-2500 BC
Abraham c. 2000 BC
Code of Hammurabi c. 1750 BC
Moses c. 1400 BC

（出所）Vernon Kam, *Accounting Theory*, John Wiley & Sons, 1986, p.10.

中世イタリアでなぜ複式簿記が成立したか興味深いところですが、取り急ぎ複式簿記の起源について、古代ローマ説と中世イタリア説について簡単にまとめてみましょう。

① 古代ローマ説では、奴隷が商行為の代行をし、現金出納帳・顧客勘定・主人勘定の間で組織的な複式記入が行われていたことから、これを複式簿記の起源とするものです。ただし、帳簿など証拠になるものが残っていません。

② 中世イタリア説では、十字軍遠征、西洋人の東方物産品への嗜好の高まりによる貿易の発展により商業や銀行が発展し、銀行の勘定記録が裁判などの法的証拠書類として重視され、例えば１２１１年フイレンツェの銀行家の帳簿の断片など帳簿が発見されています。この説が通説です。

しかし、中世イタリア説にも次の諸説があります。

（a）トスカーナ説 → 13－14世紀の会計実務を「複

式簿記」とする。複記は行われていたが、左右対照式の勘定記入はなかった。勘定が1冊の元帳にまとめられていなかった。

（b）ジェノバ説→1340年のジェノバ市政庁簿記を世界最古の「複式簿記」とする。複記、左右対照式の勘定記入、複冊帳簿制採用、仕訳帳なし。

（c）ロンバルディーア説→14世紀末のロンバルディーア会計資料を世界最古の「複式簿記」とする。仕訳帳があったかどうか不明である（世界最古の仕訳帳は、1430年代にベネチアで行われていたと言われています）。

リトルトンは、古代ローマ説について中世との接点がなく、現代へのつながりが確認できないとして、この説を採りません。これに比べ、中世イタリアの簿記、それを解説したルカ・パチョーリの簿記書はフランス、ドイツ、オランダ、英国へと伝播していき、現代への継続性がみられます。また、リトルトンは次のように述べ、中世イタリア説を採ります。

完全な複式簿記が成立するがためには、均衡性と二重性以外にさらに別の要素が加わらなければならない。この追加されるべき要素とは、いうまでもなく、資本主関係proprietorship―すなわち、所属財貨に対する直接的所有権と発生した収益に対する直接的要求権―である。この要素を欠くときは、勘定記入（帳簿記入）は、たんに相互に対応する記入の内容を要約してこれを適切な形式にまとめるというだけのことにすぎな

くなる。（片野訳、45頁）

リトルトンは、古代ローマ説では資本主関係の要素が欠けており、複式簿記が行われたとは言えないと批判します。さらに重要なのは、記数です。ゼロが発見されたのは、紀元前1世紀ころのインドであると言われています。それがアラビアに伝わりアラビア数字が使用されます。

7-3 チャットフィールド会計思想史

本書は原書第2版で、訳書はこの第2版を底本としています。

Michael Chatfield, *A History of Accounting Thought*, Revised edition, 1977.（津田正晃・加藤順介共訳『チャットフィールド会計思想史』）

訳者による原著書の意義と内容は、次の記述に如実にあらわれています。

会計学の発達過程を考察すると、特にリアクティブであり、主に当該時代の商業上の要請及び経済的発展に関連している。会計学の軌跡をたどると簿記の歴史となり、中世のイタリアさらには古代社会にまで遡るのである。かかる時代の会計は、現代において直面している会計上の諸問題となんらかの共通点を有していると言えよう。すなわち、今日かかえている会計理論上の諸問題の多くは、その発展過程中における歴史的事象に多大に起因しているのである。

マイケル・チャットフィールド教授著の「A History of Accounting Thought」は、かかる会計思想発達の過程を理解するためには最良の書物であると考慮してここに翻訳した次第である。

本訳書は、古代からの簿記の史的考察より始まり、荘園会計及び中世のイタリア諸都市を概説し、さらに近世及び現代のイギリス、アメリカでの会計学発展の過程を論じている。第Ⅲ編以降においては、今日の会計理論上の諸問題に対する多数の学者の見解を紹介し、かかる主張の比較、検討を行なっている。

チャットフィールド教授が「現代的問題への関連性は、本書の内容への主要な試練であった。」と序文で述べている如く、会計学上の今日的諸問題と過去の事象との関連性を明確に追求し、解明している本書は会計学勉学のための出発点を提供し、今後の会計学研究展開のための指針となる必読書であると考える次第である。（訳者「序文」）

7−4　プレヴィッツ・メリノ　アメリカ会計史

本書は、アメリカの近代会計史を取り扱ったもので、明治時代に来日して西洋式簿記の普及に努めた商法講習所のパッカード（S. S. Packard）やストラットン（H. D. Stratton）とブライアント（H. B. Bryant）の簿記学校などの記述があります。

Gary John Previts and Barbara Dubis Merino, *A History of Accounting In the United States*, John Wiley & Sons, Inc., 1979.（大野功一・岡村勝義・新谷典彦・中瀬忠和共訳『プレヴィッツ＝メリノ　アメリカ会計史』）

本書に対する飯野利夫の「推薦の辞」は、次のとおりです。

これは、これまで特にこの分野の比較的初期の著作に見られたような単に会計に関係のある出来事や簿記会計書を羅列したものではない。アメリカの社会、経済および政治が会計、職業会計人および会計学界人にどのような影響を与え、またそのこととは反対に、それら会計等がアメリカ的生活様式、政治等にどのように影響したかという視点からかかれたものである。したがって、本書はアメリカにおける会計の歴史に関する本であるとともに、会計史研究者の筆になるアメリカの社会、経済および政治に関する本でもある。しかもそれは、会計に関する実務ならびに法規および規制、職業会計人の活動とその組織、実務界および学会をふくむ会計界の人々、簿記会計書、会計教育など、会計に関するあらゆる領域を網羅している。しかもそれらのことはすべて、他人の手によって加工されていない数多くの生の第一次資料にもとづいてつづられていることは、800にもおよぶおびただしい数の文献が巻末に収録されていることとともに、特記されるべき事柄である。本書がこの分野での「最高の著作」(a premie work)と評せられるのも、けだし当然のことであろう(Richard A. Scott, Book Review, *Business History Review* (Autumn 1980), pp.406-407.)。

本文から興味のあるところを引用してみました。日本の明治時代の西洋式簿記の普及については、後に取り上げます。

Packardは、自ら設立した連鎖実務学校のために会計と簿記の教科書を書いた。これらの本は改訂を経て1900年代に使用され続けた。彼の著書は合衆国を越えてカナダや日本などに影響を与えた。1876年以前に、アメリカの実務学校の経営者であるWilliam C. Whitneyは、ワシントンに来た日本使節の招きで日本に訪れ、商業学校を設立した。Whitneyは、ニューアークーで、ブライアン・ストラットン実務専門学校を経営していた。彼は、簿記論を扱った教科書を自ら日本に持参した。この時代に、日本の会計革命において中心的な役割を果たした教科書として次の2冊があった。1868年にニューヨークで発行されたPackardの“Manual of Theoretical Training in the

Science of Accounts"および1873年にニューヨークで発行されたFolsomの"Logic of Accounts"がそれである。（大野他共訳、114頁）

7－5　テンハーブの会計史

テンハーブの会計史は、訳書があります。原書はそれほど厚くありません。一読してみてはいかがでしょうか。

O. ten Have, *The History of Accountancy*, 2nd edition, Bay Books, 1986.（三代川正秀訳『会計史』）

8　わが国における簿記（研究）書

8－1　江戸期の簿記研究書

テレビの時代劇の商家、暖簾（のれん）をくぐると帳場があり、番頭らしき人物が算盤をはじいて毛筆で帳簿を付けています。江戸時代の帳簿は大福帳です。現在における会社の経理部の業務状況と比べると、なにか牧歌的な風景にみえます。しかし、江戸時代の商家の記帳システムは、西洋式簿記システムと優るとも劣らないほど精巧であったと言われています。小倉榮一郎「わが国固有の帳合法の史的展開」『企業会計』第32巻1号～第12号（1980年1月号～12月号）の連載を読むと、わが国の固有の記帳システムがいかに合理的であったかがわかります。ここで、帳合とは、現在でいう簿記のことです。江戸時代の商家の簿記についての研究書を数冊あげてみます。

小倉榮一郎『江州中井家帖合の法』

書名のとおり、江州中井家の記帳システムの研究書です。本書は、佐賀市の会計書専門の古書店である洋学堂書店より2001年に復刻版が出ています。洋学堂書店によれば、「本邦内は無論のこと、世界にも例を見ない独特の会計方式を確立した近江商人中井家の帳簿組織を明かにした著者の博士論文。明治以前の我国の会計帳簿研究の嚆矢たる論文としてその名が高い。本著作出版の後、この分野でも徐々に研究が展開され、未解明であった江戸期商業の会計学から見た実態が明らかにされつつある」と評されています。さらに、2008年にミネルヴァ書房から復刻版が出ています。

河原一夫『江戸時代の帳合法』

本書の表紙をめくると、江戸時代の帳合法の素晴らしさを次のように表現しています。

我が国の固有帳合法と西洋式簿記とには記帳形式の差異はあるが、財産計算と損益計算の二系列の計算内容を具備している点では両者は同じである。……多くの商家は明治初期に西洋式簿記が移入された後も、依然として、江戸時代の帳合法をそのまま踏襲していた。固有帳合法は西洋式簿記の影響を受けることなく存在し、しばらくは両者併存の時期を経て、ついに複式簿記にその席を譲ったのである。(「まえがき」)

江戸時代の帳合は、毛筆で書かれており、しかもそれが草書体であると読みこなすには骨が折れるようです。貨幣単位も違います。古文書を読むように、各記帳を紐解いていかねばなりません。本書のような研究書は、わが国の固有の記帳システムを一般の人々に知らしめるという意味で大きな貢献をなすものと考えます。

西川登『三井家勘定管見』

本書の副題は、「江戸時代の三井家における内部報告会計制度および会計処理技法研究」です。前述の中井家と同様に三井家でも優れた記帳システムが採用されていたことが示されています。また、補節「和式複式簿記決算簿記の起源について」は、江戸時代に複式簿記があったかどうかについての論攷です。通説では、江戸時代は複式簿記ではなく単式簿記が採用されていたが、その記帳システムは複式簿記に劣るものではなかったと言われています。

8-2 明治期の簿記研究書

1873（明治6）年に福沢諭吉が『帳合之法初編』（*Bryant and Stratton's Common School BOOK-KEEPING* の単式簿記編の翻訳）、翌1874（明治7）年6月に『帳合之法二編』複式簿記編を刊行しています。複式簿記の著書としては、アラン・シャンド編纂の『銀行簿記精法』が1873（明治6）年12月に刊行され、『帳合之法』に先んじています。また、1890（明治23）年には簿記学校が約40数校もあり、商業講習所や中等教育においても複式簿記の教育が盛んに行われました。その中には、現在も簿記学校として継承されているものもあります。

このように、多くの簿記書が刊行され、盛んに簿記教育が行われたにもかかわらず、一般の商家において複式簿記は定着をしませんでした。その理由は、商家は先祖代々にわたり継承されてきたその商家独特の方法を守り通したからです。当時、学校で西洋式簿記を習得した跡取り息子が、その方法を商家に取り入れようとして、先祖伝来の方法を守ろうとする親との間でひと悶着が繰り返されたということです。

このような状況が一変するのは、第2次世界大戦後です。敗戦により疲弊したわが国の財政を立て直すためにシャウプ勧告が発せられ、税法に青色申告制度が導入されたことによります。青色申告制度とは、税収確保の観点から正確な簿記による記帳を推進するため、青色申告者には種々の課税上の優遇措置を行うものです。正確な簿記による記帳とは、その資産、負債および資本の変動をもたらす日常の取引について、複式簿記により整然かつ明瞭に帳簿に記載して決算を行うことです。これにより、複式簿記が広く普及することになったと言われています。

西川孝治郎『日本簿記史談』

明治期の簿記書の研究といえば西川孝治郎をもって嚆矢とします。その蔵書は、一橋大学図書館に寄贈され、「西川孝治郎文庫目録」により知ることができます。一橋大学附属図書館長森田哲彌（1989年当時）によれば、「西川孝治郎先生は、大正9年に神戸高商を卒業後、三菱商事に入社され、経理部長等を歴任の後、昭和25年に三菱石油に移られて取締役経理部長、監査役等を勤められた。先生は、この間においても学会に所属されて、簿記書の収集と研究活動を続けられ、昭和39年には日本大学商学部教授に就任されて昭和55年まで教壇に立たれた。昭和56年に、The Academy of Accounting Historians から終身会員の称号を授与されたことは、先生について特筆すべきことである。この間、『日本簿記史談』（同文館、１９７１年)、『文献解題・日本簿記学生成史』（雄松堂、１９８２年）をはじめ、多くの著書・論文を発表されている。」のです。

本書は、『産業経理』に連載されたものをまとめたものです。明治期のわが国の簿記教育に貢献した外国人（アラン・シャンド、W・C・ホイットニー、V・E・ブラガ）や英米の簿記書の訳者の経歴などが詳細に描写されています。明治期の簿記書の収集家である著者ならではの内容です。明治初期の簿記書系統図は圧巻です。簿記書の系統をアメリカ系簿記とイギリス系簿記に分類し、前者は慶応義塾福沢諭吉、文部省および商法講習所（現一橋大学）W・C・ホイットニー、後者は大蔵省紙幣局アラン・シャンドおよび大蔵省造幣寮V・E・ブラガの系統になります。そこから、明治初期の簿記書（西川は32の簿記書を掲げています）がどの系統に属するかを線で結んであります。例えば、日本人が独自に著した最初の簿記書といわれる１８７６（明治９）年出版の栗原立一『記簿法独学』は文部省系とされています。アラン・シャンド『銀行簿記精法』の共訳者のうちの宇佐川秀次郎と小林雄一郎は、慶応義塾福沢諭吉と大蔵省紙幣局アラン・シャンドの系統に属すとされています。

複式簿記は安土桃山時代にすでに日本で行われていたという説もありますが、西川孝治郎によれば、１６４１（寛永18）年まで20余年わが国にいた平戸オランダ商館長フランチォイス・カロン（FranÇois Caron）の著書 Description of Japan の中に、「日本人はイタリア式簿記（→複式簿記）を有せざるも計算を誤ることなし」（５頁）と書いてあるそうです。また、静岡の葵文庫の徳川幕府の蔵書の一部の中にオランダ簿記書が3冊あり、オランダ簿記書には、いずれも「イタリア簿記」という文字がタイトルに含まれているそうです（6頁）。

ついでに、「江戸末期にいたってはじめて洋式簿記がわが国に導入されるのであるが、その最初の事例はおそらく1847年に長崎においてオランダ人がもたらした洋式簿記であろう。ついで、1866年幕府の横須賀製鉄所においてフランス人によっても導入されている。……さらにイギリス人によって川崎造船所、三菱造船所、長崎造船所などにおいても導入される。」（坂本藤良「会計文化人名録（3）福澤諭吉」『企業会計』第9巻第6号、1957年、86頁）という見解もあります。

西川孝治郎『文献解題日本簿記学生成史』

西川孝治郎には、西川の監修・解説による明治期の簿記書「復刻叢書　簿記ことはじめ」（雄松堂書店）があります。その各簿記書の巻末に掲載された文献解題などをまとめたのが本書です。そのいくつかをあげてみます。

1873・1874（明治6・7）年の福澤諭吉訳『帳合の法』、原著書は、H. B. Bryant, and H. D. Stratton, and S. S. Packard, *Bryant and Stratton's Common School BOOK-KEEPING* です。原著書は、佐賀の洋学堂書店より復刻版がでています（1871年版では

ないがアマゾンを経由してコピー版が入手可能）。また、本訳書は、慶應義塾大学出版の『福澤諭吉全集』にも収録されています。「デジタルで読む福澤諭吉」で検索するとネットで読むことができます。

１８７３（明治６）年のアラン・シャンド『銀行簿記精法』、アラン・シャンドが大蔵省紙幣局で行った講義の翻訳書です。

１８７４（明治７）年の小林儀秀訳『馬耳蘇氏記簿法』、原著書は、Christopher Columbus Marsh, *Marsh's Course of Practice in Single-Entry Bookkeeping.* と *Science of Double-Entry Bookkeeping*, 1871. です。

１８７７（明治10）年の加藤斌《なかば》訳『商家必用』、原著書は、W. Inglis, *Book-keeping by Single and Double Entry, with an Apendix Containing Explanations of Mercantile Terms and Transactions, Questions in Book-keeping, ETC* です。原著書は、佐賀の洋学堂書店より復刻版がでています。

１８７８（明治11）年の宇佐川秀次郎訳『日用記簿法』、原著書は、Charles Hutton, *A Complete Treatise on Practical Arithmetic; and Book-Keeping, both by Single and Double Entry. Adapted to the use of schools* です。

１８８１（明治14）年の図師民嘉抄訳『簿記法原理』、原著書は、E. G. Folsom, *The Logic of Accounts; Theory and Practice of Double-Entry Bookkeeping, based in Value, as being of two*

Primary Class, Commercial and Ideal; and reducing all their Exchange to nine Equations and thirteen Result です。原著書は、佐賀の洋学堂書店より復刻版がでています。

8－3 大正・昭和初期の簿記書

わが国において、簿記（学）を主に研究対象とする研究者は少数です。とくに、近年はそのような傾向にあるのではないかと思います。米国では１９００年代初期に簿記学から会計学へと研究の対象が移行します。スプレイグ（Charles E. Sprague）やハットフィールドがそのはしりと言うことができます。ハットフィールドは、１９０９年に『近代会計学』を出版しますが、その中でドイツのシェアー（J. F. Schär）の物的2勘定説による勘定理論の説明があります。ところが、１９２２年に出版された『会計学』では勘定理論の説明は省かれています。米国では、勘定理論の発展はみられませんが、ドイツでは勘定理論は多くの論者により議論されました。現在、論者によっては、勘定理論を簿記教育に取り入れるべきという意見もありますが、勘定理論は過去の遺物として葬り去られています。しかし、かつて勘定理論はわが国の研究者により研究され、その研究成果が残されています。

上野道輔『新稿簿記原理』

上野は、企業会計対策調査会の会長を務め、「企業会計原則」の制定に尽力したことでその名を残しました。また、ドイツ簿記会計学の大家で、本書の他、『簿記理論の研究』（有斐閣、１９３３年）の著書があります。後述の畠中福一によれば、勘定学説については、全般的に採り扱ったものではなく、シェアー、ニクリッシュ（Heinrich Nichlish）その他の２～３の学説を紹介するにとどまっていると批判的です。それはともかく、簿記の起源などにも触れてあり、現在、簿記の講義といえば日商の簿記検定試験に対応したテキストで行われることが多い中、その格調高い内容に簿記学の教育について考えさせられます。簿記書の他、『貸借對照表論』（有斐閣、１９５０年）の著書もあります。

畠中福一『勘定學説研究』

畠中は、１９０６（明治39）年1月28日に大阪で出生、１９２５（大正14）年4月に和歌山高等商業学校入学、１９２８（昭和３）年3月に同校を優秀な成績で卒業し、同年3月に東京商科大学本科入学、１９３１（昭和６）年3月に同校を優秀な成績で卒業しました。同年６月に東京商科大学補手に任ぜられましたが、同年11月に急性脳膜炎のため永眠しました。

本書について、吉田良三は「はしがき」において次のように述べています。

本書「勘定學説研究」は、君が商科大学計理研究室に於ける三ケ年間の研究の成果であって啻に卒業論文となれるに止どまらず、補手詮衡に際しても亦学力検定の準備となれる力作にして、君が我が会計学界に遺せる唯一の寄与である。（中略）君は研究の容易ならざる此問題を選び、云はづば会計学に於ける先人足跡の稀なる境地に踏み入れて苦心惨憺乏しき資料を集め之を詳細に検討し単に異なる学説を羅列せるのではなく其犀利明快なる批判力に訴へ資本主義経済の発展に基く故これ等学説の変遷を論じ従来寧ろ断片的なりし此問題の研究に系統付をなしたるは個々の部分に於ける判断の当否は兎も角として大なる功績と云わざるを得ない。

次に、畠中自身の「序」から本書出版の意図を探ると次のとおりです。

本研究に於て私の意図したところに簿記の中枢たる勘定理論を、従来の学説とは全く別個の私独自の立場から取扱ふことにあった。而して玆に私の提唱せんとする独自の立場とは、第一編に於て詳論せる如く、歴史的・現実的・総体的・動態的立場である。私は斯かる立場からして、各個の勘定学説に対して、従来の学者によって、省みられなかった所の方法論的批判を試みたのである。斯る立場が正しいか否かは、今後の学説の発展が之を説明するであろう。併し、もし本研究にして、従来の学説に見ない所の特徴を有するものとすれば、それはただ此の一点に在ると云い得るであらう。

「序」の「第一編に於て詳論せる如く、歴史的・現実的・総体的・動態的立場」とはマルクス主義の立場であり、吉田の言う「資本主義経済の発展に基く故これ等学説の変遷を論じ従来寧ろ断片的なりし此問題の研究に系統付をなしたるは個々の部分に於ける判断の当否は兎も角として大なる功績と云わざるを得ない」ことに通ずるものであろうと思われます。ただ、あの若さでこれだけの著書を著すということは、驚異的としか言いようがありません。その勉強量には驚嘆します。

吉田良三『改訂増補近世簿記精義』

本書は、1914（大正3）年に初版が、1925（大正14）年に改訂増補が出版されています。この改訂増補の27版が本書で1936（昭和11）年に出版されています。初版以来約20年ちょっと読み継がれ、わが国の簿記書に多くの影響を与えたと言われています。

吉田は、「凡例」において、簿記と会計の関係について次のように述べています。

簿記は取引の記帳技術、会計学は会計原則およびその適用の理論的研究として区別するという見解もある。しかし、会計学は従来の簿記がその内容を充実して一層組織的理論的となったもので、会計学を指して高等簿記と称するも不当ではない。「本書其名を簿記精義と稱するも、決して單なる取引記錄法としての簿記を説明するにあらずして、寧ろ前記の意味に於ける高等簿記學を説くものたり。」

簿記と会計との関係については、簿記から会計へ転換する時期との兼ね合いから議論すると上記の見解もうなずけるところですが、吉田簿記学を非常に評価しながらも、さらに簿記を深化させた沼田嘉穂（後述）は、簿記は技術、会計は評価と述べています。

また、「本書は原書を讀むの力又は其時間なく、専ら邦文書籍に就きて高等簿記學を履修せんと志す者の參考書として、英米會計學界に於ける近代大家の著書を渉獵して編纂したるものなり。」

英米の著者の簿記会計書をもとに書かれていて、いわゆる翻訳書の性格を有する。言い換えれば、わが国の簿記会計の研究の状況は未成熟で、英米の文献に頼らざるを得ない状況であったということができます。とはいえ、「取引要素結合法は吉田博士のいわゆる取引8要素の結合関係表を掲げ、これによって貸借記入原則を総括的に学習させる方法である。」「外国ではこのような導入法は全く見掛けず、日本固有の教育法であり、形式と理論とをある程度結合しており、且つ貸借記入原則を包括的に示している点からも優れたもの」（沼田嘉穂『新版近代簿記』中央経済社、1970年、331頁）なのです。

黒澤清『簿記原理改訂版』

本書の初版は、1934年に東洋出版から會計學全集第1巻として出版されています。同じ出版社から1941年に、1949年には森山書店から出版されています。これらは、381頁です。本書は、1951年の改訂版で398頁となっています。

本書は3篇からなります。第1篇では、複式簿記の発生史的考察と簿記理論の史的批判を中心に、諸勘定学説の解説と批判を通じ自説を展開しています。第2篇では、勘定原理に基づく勘定体系の解説と批判を行っています。第3篇では、帳簿および記帳組織を取り上げ、簡単な取引例を用いて記帳法の解説を行っています。

8-4 戦後の簿記書

沼田嘉穂『簿記論攷』

沼田は、わが国の簿記学および簿記教育において大きな貢献を成し遂げました。1952年から1980年まで税理士試験臨時委員（簿記）、税理士試験常任委員を勤め、税理士試験育ての親と言われています。このように税理士試験に長年関与して受験簿記に大きな影響を及ぼし、沼田簿記の名をほしいままにしました。

本書は、沼田簿記の神髄を余すところなく述べています。簿記の解説書というより簿記の研究書と言えるかもしれません。

沼田の同類書としては、前述引用の『新版近代簿記』（中央経済社、1970年）があります。本書は、1962年に初版が出版され、手元にあるのが1970年の43版です。また、『現代簿記精義』（中央経済社、1973年）の著書もあり、これらは沼田簿記三部作と言うべきでしょう。

中村忠・大藪俊哉共著『対談簿記の問題点をさぐる［改訂版］』

本書は、『税経セミナー』に連載されたもので、「研究書ではないが、初学者を含めて簿記の学習・研究に役立つことを目的としている。形式と内容のいずれにおいても、本書のような簿記書は他にない」（改訂版序）ものです。簿記教育から簿記の処理にわたり取り上げられています。吉田簿記から沼田簿記なども所々に顔を出します。また、いろいろな学説を紹介し、その是非を論じています。

大藪は沼田の後継者です。沼田簿記の継承者といえるでしょう。対談者の中村の軽妙な沼田簿記批判もなかなか興味深いものがあります。

例えば、沼田簿記では、引当金は決算整理事項ですから、期中取引では使用してはならないとします。前期の売掛金20万円が貸し倒れになり、貸倒引当金が30万円ある場合、(借)貸倒引当金20万円／(貸)売掛金20万円と仕訳をしますが、沼田簿記では(借)貸倒損失20万円／(貸)売掛金20万円、決算時に(借)貸倒引当金20万円／(貸)貸倒損失20万円と仕訳をします。中村はこのようなこだわりに否定的です。

安平昭二『簿記　その教育と学習』

著者は、ドイツの簿記書(勘定理論)の研究者で、多くの著書があります。著者は、「序文」において、簿記の教育と学習に関連する問題について書きためたものを加筆・修正してまとめたもので、各種の簿記関係者に何ほどかの参考資料として利用してもらえれば幸いであると述べています。

本書は、第Ⅰ編「簿記の教育」と第Ⅱ編「簿記の学習」からなります。第Ⅰ編では、簿記の初歩教育において生じる諸問題が取り上げられています。第Ⅱ編では、簿記の中級者および上級者を対象に学習の基本姿勢・学習内容・具体的問題点について取り上げています。ドイツ簿記の研究者らしく、第14章で「勘定理論を手がかりとしての複式簿記のしくみ」が取り上げられています。勘定理論の是非については、賛否両論があるようです。米国では、ハットフィールドが『近代会計学』で勘定理論を取り上げていますが、その後取り上げられた様子はありません。

さて、著者の安平には、ドイツのチューリッヒ大学教授のケーファー（Karl Käfer）が英文で書いた簿記書の翻訳があります。

Karl Käfer, *Theory of Accounts in Double-Entry Bookkeeping*, Center for International Education and Research in Accounting, 1966.（安平昭二訳『複式簿記の原理』）

ケーファーは、日本語版への原著者の序文で、本書の意義を次のように述べています。

複式簿記というものは、その多様な形式、不断の発展、世界的な普及にもかかわらず、原理的には、体系的に結合された少数の原則に基づくところの、1つの統一的な形成物である。このことは、洋の東西を問わずすべての会計人の、いつわらざる実感となっているところである。したがって、察するに深い基礎をもつこれらの諸原則を明らかにし、理解しやすく定式化することは、これまで無数の実務家や理論家によって懸命にその試みがなされたし、いまなおそれが行なわれている。とくに、フリードリヒ・ヒュックリとヨハン・フリードリヒ・シェアー以来の伝統をもつスイスにおいて然りである。

また、安平には、『簿記理論研究序説—スイス系学説を中心として—』（千倉書房、1979年）の著書があり、「Ⅱ．ケーファー教授の簿記理論」において、ケーファーの貸借対照表観、勘定理論および資金計算書を約74頁にわたり取り上げています。

さて、いわゆる簿記検定用などのテキスト以外の最近の簿記書として、石川純治『複式簿記のサイエンス』（税務経理協会、2011年）をあげておきます。

9 米国における会計黎明期の名著

9−1 スプレイグ（Charles E. Sprague）

米国では、19世紀になると米国人の手による簿記書が出版されはじめます。それらを収録したものがYushodo（雄松堂）American Historic Accounting Literature（アメリカ会計学の軌跡）で第1集と第2集があります。

ところで、リトルトンは、「会計が新しい意義と使命をおびて登場してきた大半の理由は株式会社企業のいちじるしい特徴たる所有の分散および所有と支配の分離にこれを求めることができる。個人商人から小規模組合営業への発展が簿記の進歩をうながしたことは事実であるが、さらに組合営業から転じて数万人の所有者より成る株式会社への発展は、単なる簿記の形式的進歩を乗り越えて、新たに会計学を勃興せしめる大きな刺激となったのであった。」(Littleton, A. C., *Accounting Evolution to 1900*, p.10, 片野訳、19頁)と述べています。

この簿記から会計への橋渡しをしたのがスプレイグです。スプレイグは、ニューヨーク州で立法化された公認会計士法のもとで(米国では州ごとに立法化されている)最初の公認会計士の1人となり、ニューヨーク大学の商業・会計・財務学部の教授として、貸借対照表中心の会計から損益計算書中心の会計への転換期に会計士として、また教育者として米国で大きな貢献をしました。その代表的な著書は、次のとおりです。

Charles E. Sprague, *The Philosophy of Accounts*, 1908.(Reprinted 1972 by Scholars Book Co.)

本書は、ハットフィールドの *Modern Accounting* と同様に、簿記の手続きの解説中心から資本主理論に基づき簿記論を体系化し、米国会計の発展に大きく寄与したと言われています。アマゾンで3000円くらいかかりますが、リプリント版が入手できますので、興味のある人は読破してみてください。

9－2　ハットフィールド（Henry R. Hatfield）

ハットフィールドについて知りたければ、次の文献があります。Stephen A. Zeff, ***HENRY RAND HATFIELD Humanist, Scholar, and Accounting Educator***, JAI Press Inc., 2000. です。本書は、約500頁の大著で、アマゾンで現在も購入できます。ゼフは、ハットフィールドについて、次のように述べています。

20世紀の最初の50年間、Henry Rand Hatfield は〝会計教師の最古参〟として知られていた。彼は、初期の会計学を形成するのに主たる役割を演じた。彼のキャリアを研究することは、アカデミックおよび会計実務の領域の会計の初期の発展を理解することになる。というのは、彼はこれら2つの領域における重要な貢献者だからである（序文）。

Henry Rand Hatfield（1864-1945）は、シカゴビジネススクールの初代学部長およびバークレイビジネススクールの第2代学部長であった。彼は、長い間、〝あらゆる場所の会計教師の最古参〟とみなされ、彼の『近代会計学』（1909年）および『会計学』（1927年）の2つの著書は、1900年代最初の50年の最も重要で参考となる著書の中に数えられるべきもので、彼の論文とともに、今日に至るも引用されている。彼のテキストブックと細心の注意を払って書き上げられた論文は、会計文献の紛れもない注釈であり、米国および海外における会計および法律当局に広く引用された。彼は、文献

の機敏な批評家で、素晴らしい著者、何よりもまず優れた教育者であった。（表紙の扉）

Henry Rand Hatfield, *Modern Accounting: Its principles and some of its problems*, Meredith Publishing Company, 1918.（松尾憲橘訳『近代会計学』）

手元にある原書は、１９６９年の Yushodo Booksellers Ltd によるリプリント版です。表紙を見ると、Yushodo Economy Edition Series No.3 となっています。Yushodo は雄松堂です。このオリジナル版は１９０９年に D. Appleton and Company から出版されています。Meredith Publishing Company が版権を取って１９１８年に発行したのが本訳書の原書です。アマゾンで検索するとリプリント版が入手できます。３０００円をちょっと超える位の値段です。ただ、アマゾンのリプリント版はコピーを製本したもので、少々写りが悪いようです。でも、読むことはできます。

近代会計学は企業会計における一つの理論であり、学説であり、思想体系である。過去における一つの会計理論を研究する場合、単に過去の理論の形骸化をもてあそぶのではなくして、歴史的現実にそくした生きた研究をなしうる基礎を求めなければならない。それには、その理論構造を正しく分析し、明確な評価を与え、その本質的な理解をもって、その論理構造を解明しなければ意義はない。そのことによって、過去の古い理論も新しい生命を与えられて、現在によみがえって現代的な意義をもつことになる。

20世紀はじめから1920年代にかけてアメリカの会計学における基礎的理論の代表的名著をあげるとすれば、1909年のH・R・ハットフィールドの『近代会計学』をあげることに躊躇を感ずる者はあるまい。（「訳者のことば」）

本書は、簿記技術論の段階で、貸借対照表論としての会計学の萌芽の時代の代表的文献です。まず、ドイツのヒュグリー（F. Hugli）とシェアーの物的2勘定説で簿記（勘定理論）を説明しています。これは、資産－負債＝資本主持分という資本主理論の立場を示すものです。ただし、1927年に出版された*Accounting*では、この物的2勘定説の説明はありません。資産の評価は、棚卸資産を現在価値で、固定資産を使用価値で行う（減価償却について期間的費用配分説が十分に展開されていない）という主観主義に基づいていて、基本的に貸借対照表に重点をおき、静態論の立場を採っています。

わが国において、ハットフィールドの研究書の1つに加藤盛弘『会計の論理：ハットフィールド「近代会計学」の研究』（森山書店、1973年）があります。

9－3　ギルマン（Stephen Gilman）

ギルマン（1887～1959）は、ウィスコンシン大学・工学部を卒業し、一時ＵＳスティールの子会社に信用調査係として勤務し、シカゴの通信教育機関の会計学教授、公認会計士事務所の一員となり、その後シカゴの通信教育機関の副会長兼教育部長を務めました。また、米国会計士協会（後の米国公認会計士協会）の創立員となり、米国会計学会の機関誌 *The Accounting Review* の編集を担当し、米国会計士協会の各種委員会の委員を務めました。

ギルマンには経営分析の著書もありますが、代表的なものは次の著書です。

Stephen Gilman, *Accounting Concepts of Profits,* The Ronald Press Co., 1939.（久野光朗訳『ギルマン会計学』（上）（中）（下））

まず、本書の意義について、監閲者および訳者は次のように述べています。

Stephen Gilman: "Accounting Concepts of Profits", New York 1939 は、アメリカ会計学界屈指の名著の一つである。この書物が現われる六年前に刊行された A. C. Littleton: "Accounting Evolution to 1900", New York 1933 とともに、それは今日古典的会計文献の中でも上位に数えられるべきものであろう。

リトルトンの著書は、近世西欧における資本主義経済の勃興期から十九世紀末葉ヨーロッパおよびアメリカにおける工業資本主義経済の興隆期にいたるまでの会計の制度的発展の跡を弁証法的に展開した力作であり、また、ギルマンの著書は、二十世紀初頭以来急速に成長をとげたアメリカの産業が三十年代にいたり証券民主化の爛熟期を迎えるに及んで、企業をめぐる多数利害関係者の利害調整機能の担い手としての会計がその社会性公共性を決定的に高めてきたことにもとづき企業の期間利益の計算構造を中心とする会計原則が生成されていった過程を歴史的に、経験的に、学説的に精細に分析し、批判し、将来を方向づけようとした労作である。(片野一郎「監閲者の序」)

原著者自身が、序文の冒頭で、〝本書を世にだす理由は、会計上の力点が貸借対照表的観点から損益計算書的観点へ移ったことを立証する過去6年間の歴史のなかに求められる〟と述べていることに注目しなければならない。原著は、非常に多くの文献を収集して比較検討を行ない、その分析を通じて期間損益計算の制度的構造を歴史的に解明し、そこから会計上のコンベンション、原理、および通則を系統的な類型にまとめて提示しているところに大きな特色があるのであるが、さらに、このようなアプローチを会計上の利益概念にもっとも具体的な関連を有する棚卸資産および固定資産の会計問題と結びつけて徹底した費用動態論を主張しているところにも特色を認めることができる。なかんずく、エンティティ概念を基盤とした会計責任(accountability)という会計職能を重視し、それをもって会計上の利益概念を一元的に説明していることは特筆に値するところである。（「訳者のことば」）

原著書は35章635頁からなります。訳書は、第1章から第16章までが上巻、第17章から第27章までが中巻、第28章から第36章までが下巻です。下巻には、「補遺　ギルマン研究」として、「第1部　Gilman とアメリカ会計史」「第2部　S. Gilman の財務諸表分析」「第3部　S. Gilman の会計理論」の訳者の論文があります。これは、ギルマンの学説だけでなく、米国の会計史を学習するうえで非常に参考になります。また、ギルマンの *Principles of Accounting*. 1916 は、アマゾンでリプリント版が入手できます。分厚い本で、5000円くらいするでしょうか。

10　米国会計学の基礎を築いた名著

10―1　コーラー（Eric L. Kohler）

コーラー（1892年～1976年）は、公会計（public accounting）の実務における仕事を通じて、著者、教育者および政府機関の重要なポストの歴任者として、多くの会計士、ビジネスマン、政府の職員によく知られ、尊敬された人物です。簡単な経歴を示すと次のとおりです。

コーラーは、１９１４年ミシガン大学を卒業し、１９１５年ノースウェスタン大学より修士号を取得し、１９１５年～１９１７年、１９３３年～１９３７年アーサーアンダーセン（監査法人）のメンバー、１９２２年～１９２８年E. L. Kohler & Co. のアソシエート、またオハイオ州立大学、ミネソタ大学で客員教授として招聘され、１９３８年以降コンサルティング会計士として業務を行い、１９５８年、会計への貢献に対しAlpha Kappa Psi賞を受賞しています。

米国会計学会（ＡＡＡ）のメンバーで会長を2期務め、１９２８年～１９４４年、ＡＡＡの機関誌*Accounting Review*の編集者、米国公認会計士協会（ＡＩＣＰＡ）などの会員でした。

コーラーの業績などを詳しく述べた文献に、Nancy A. Wagner, ***Eric Louis Kohler in the Accounting Profession,*** Research Monograph No.10, Business Publishing Division College of Business Administration Georgia State University, 1987. があります。

コーラーの著書で馴染みがあるのは、次の辞典です。

Eric L. Kohler, ***A Dictionary for Accountants,*** 5th edition, Prentice-Hall, 1975.

第４版（１９７０年）について、染谷恭次郎訳『コーラー会計学辞典［復刻版］』（丸善書店、1988年）が出版されています。会計学の変化が著しい昨今ですが、取得原価会計を振り返る場合には、欠かせない辞書ではないでしょうか。

10－2 リトルトン（Andrew C. Littleton）

リトルトン（1886年～1974年）は、疑いもなく米国いや世界の会計学の発展に大きく貢献した会計学者の1人としてあげることができるでしょう。名著 *Accounting Evolution to 1900* は、すでに取り上げました。まず、簡単な経歴から始めましょう。

リトルトンは、1912年イリノイ大学を卒業し、1918年同大学にて修士号を取得し、1915年以降1952年に退職するまで、イリノイ大学にて商業・経営学部の会計教官として教育に従事しました。1919年イリノイ州公認会計士の資格を取得し、1931年イリノイ大学にて博士号を受けました。また、米国公認会計士協会、イリノイ公認会計士協会会員、米国会計学会のメンバーとしても活躍をしました。彼は、会計学研究者としてだけではなく、教育者としても有名で、イリノイ大学にてマスター225人のうち3分の2を、ドクター26人の90％を指導したと言われています。

リトルトンには、著名なペイトンとの共著 *An Introduction to Corporate Accounting Standards* があります。これについては後に触れるとして、次の文献を取り上げましょう。

A. C. Littleton, *The Structure of Accounting Theory*, American Accounting Association, 1953.（大塚俊郎訳『会計理論の構造』）

手元にある原書は、１９７４年の10刷です。本書は、American Accounting Association Monograph No.5で、１９５３年出版以来１９７４年までに10刷されています。本書は、筆者の大学院の博士課程後期のゼミの教材でした。ゼミでは輪番で翻訳をするのですが、難解なのでつい訳書に頼りがちになり、「それは訳書と同じ訳だろう。そこは誤訳じゃないか！」と指導教授に叱られたことを思い出します（叱られた当人は筆者ではありません、念のため）。大塚訳には、誤訳が多いというのが指導教授の弁でした。言い換えると、それほど難解だと言うことになります。最近、古い『企業会計』を調べていると、ある座談会でリトルトンの『会計理論の構造』は論理的に矛盾している箇所があると指摘されていました。未熟な筆者には、当時そこまで深読みできませんでした。

本書の特徴について、他人が云々するより、訳者自身に語ってもらった方が非常にわかりやすいので、少々長くなりますが、「訳者のことば」から引用しましょう。

『会計発達史』および『会社会計基準序説』の二著はわが国にも早くから紹介せられ、

わが会計学界に多くの影響を与えていることは周知のことであるが、本書が三部作の最後のものとして著わされたことは、偉大なる会計学者の一人が、その終生の研究生活を通じて、何を意図し、会計学の内容、会計学者の果たすべき責務が何であるかを示したいという重要な意義をもつ意図が含まれていることが窺えるのである。前二著によってじゅうぶんに培われてきた基盤の上に、あらゆる学問の核心をなす理論構造を明確にし、このような理論構造の下における理論的把握によってのみ、会計の有用性、すなわち会計実務、会計技術のもつ社会的職能が増大され、ひいては会計学の発展が期されるとするのが、著者の一貫した立脚点であり、このような学としての会計学における中心的理論構造が、本書において示されているのである。

本書の第一部は会計の本質を会計における中心問題を内面的に掘り下げることによって、会計の重要領域について説き及ぼしている。第一章から第六章にわたって理論的に展開されたものが第七章において総括されている。これらの論述のうちにおいて従来難解と考えられ、会計分野に関係する希望をもつもの以外には、あまり修得されなかったところの簿記技術を全く使用していないことはまた本書の特色でもある。会計技術ないしは会計実務と会計理論は相互補完的のものであり、それぞれ他の知識を欠くときはじゅうぶんな理解がえられないものではあるが、本書は簿記という技術的知識をもたないものにとっても、会計のもつ本質およびその職能が理解されるように説かれている。（中略）

本書第二部においては、第一部における論述を基礎として会計学における論理の構造を取扱っており、本書の主題をなす部分となっている。このうちにおいて、会計慣習、会計手続、会計通則、会計基準、会計原則といわれるものを分析し、これらを明確に規定するとともに、会計理論の本質および性格を明確にしている。これらの立論を通じてリトルトン教授は徹底した原価主義の立場をとっておられる。論者のうちには、本書は古い伝統的原価主義会計の再記述と解される向もあることと思われるが、著者の意図は原価主義による会計実践の妥当性を裏付けることにあるのではなく、一の独立した学問体系としての会計学における論理性の追及を問題としており、論理を確立することによって会計における便宜主義あるいは悪意性が排除され、会計実践を評価する基準あるいは主導性がえられるとするのであって、この著者の根本理念を見失ってはならないと思う。貨幣価値修正会計、時価論等の新学説を提唱するものは、経済情勢の変化に押し流された便宜主義的、妥協的また部分的な提案ではなく、会計の全構造との関連におけるゆるぎのない理論構造を示すべきである。このためには多くの仮説が吟味され、変更され、新たに設定されることとなるであろうが、このような努力のうちにおいてのみ、真の会計学の発展が期待されることとなるであろう。この意味において、本書はすでに会計学を修めた人々、および会計の職に携わる人々等すべての会計学徒によって必読さるべき内容のものといってよい。

いかがですか。本書の神髄に触れることができたでしょうか。ぜひ、訳書だけでも読んでみてください。

A. C. Littleton and V. K. Zimmerman, *Accounting Theory: Continuity and Change*, Prentice-Hall, Inc., 1962.（上田雅通訳『会計理論―連続と変化―』）

共著者のジンマーマンは、リトルトンの後継者です。訳者によれば、本書は次のような特徴があるということです。

総じていえば、原著書は会計理論を取扱った専門書というよりむしろ会計史に対する価値ある専門書である。特筆すべきは次の点である。原著書のなかでしばしばふれられている会計の「原型」がイタリア式資本・利益会計であるとしながらも、それが「複式簿記」の特徴である記入の二重性および貸借平均の理がもたらす試算表会計の貸借均衡に求められるのではなく、それを名目勘定と実在勘定との総合に求めるべきであるという点である。（「訳者あとがき」）

リトルトンは、最後まで取得原価主義を擁護したことで有名ですが、1960年代以降、台頭してくるスターリング（3～4頁を参照）らの批判の中で、古典派として位置づけられ現代的意義を失っていくのですが、その思考スケールの大きさは我々の気を引きつけずにおかない魅力を醸し出しているように思えてなりません。

なお、ジンマーマンの博士論文（*British Backgrounds of American Accountancy*, 1954）が翻訳されています。小澤康人・佐々木重人共訳『近代アメリカ会計発達史―イギリス会計の影響力を中心に―』（同文館、1993年）がそれです。

> A. C. Littleton, *Essays on Accountancy*, University of Illinois Press, 1961.
>
> 本書は、リトルトンの論文集です。リトルトンは、会計教育関連の論文も多く、それらが本書に収録されています。手元にある原書は、最初の勤務先の大学の図書館の押印のあるコピーを簡易製本したものです。研究費で購入したものを他大学に転出する際にコピーしたのでしょうか。ところどころ拾い読みしかしていませんが、「時代遅れだよ！」と言われようが、じっくり読んでみたい文献です。

10―3　メイ（George O. May）

メイ（1875年～1961年）は、米国の会計実務界の重鎮であり、米国の会計実務の発展に大きな貢献をしました。彼は、英国生まれで1961年に英国で会計士試験に合格し、プライスウォーターハウスに入所（ロンドン）し、米国ニューヨーク代理事務所に勤務します。代理事務所は、プライスウォーターハウス・アンド・カンパニーのニューヨーク事務所として改組され、1902年にパートナー、1911年に事務所長になりました。1940年、同事務所を退所すると顧問に就任、1909年には米国に帰化し、米国会計士協会（現AICPA）の会員となりました。その後、証券取引所協力特別委員会委員長（1930年～1935年）、会計原則発展特別委員会委員長（1933年～1936年）、会計手続委員会副委員長（1937年～1945年）、術語専門委員会委員長（1939年～1947年）などを歴任し、ハーバード経営大学院講師、コロンビア、ミシガン、スタンフォード、ワシントンの諸大学、マサチューセッツ工科大学、ロンドン経済大学などで客員講師として教鞭を執りました。メイの著書として有名なのは、次の文献です。

G. O. May, *Financial Statement—A Distillation of Experience—*, The Macmillan Company, 1943.（Reprinted 1972 Scholars Book Co.）（木村重義訳『財務会計―経験の蒸留―』）

本書は、個人的に印象深い原書です。思えば40年近く前、学部生の頃の外書講読のテキストとして、青写真（当時、今のようなコピーはなく、学生のビラなど鉄筆で蝋紙に書いて謄写版で印刷したものです）で配布されたのを読んだのです。外書講読の担当はM先生（なぜわかるかと言えば、成績表に担当者の名前が書いてあるからです。当時大学に採用されたばかりで20代？）、先年研究会でお会いしたときに、「外書講読を受けましたが教材は何を使ったか覚えていますか？」と尋ねたところ、「メイの財務会計だろう。」と正解が返ってきました。読んだのは、Chapter IV "Historical" (pp.51-85)。ところが不思議なことに、成績表は不可になっているのです。記憶をたどるとおそらく途中で講義に出席しなくなったようです。つまり、放棄したということです。ところが、青写真は全頁にわたり勉強の跡が残っています。一度就職して、大学院を受けなおそうと意を決したときに、英語の受験対策として読んだのでしょうか。ただ、当時訳書があるのは知りませんでした。現在、手元にある原書は、Scholars Book Co. のリプリント版です。

メイは、「序文」で「財務会計は、主として歴史的性格のものであり、現在と将来とに影響する決定が過去の光に照らして行われるために、事業の財務的経験の本質を抽出して示すことをそのもっとも重要な機能とすると、現在では一般に認められている。会計のルールが論理よりもむしろ経験の産物であることは、法律のルールよりも、いっそう顕著である。」（木村訳「原著者序文」）と述べています。本書の副題を「経験の蒸留」とする所以です。

メイは、「会計は技術であって科学ではない。しかし広範で多様な有用性をもつ技術である。」（木村訳、3頁）と述べ、理論に拘泥しません。したがって、その主張するところに論理の一貫性が欠けるなどの批判もあったようですが、全然意に介しません。そのことを踏まえて読んでみると一味違うのではないでしょうか。
メイについて知りたければ、次の著書があります。

青柳文司『会計士会計学～ジョージ・オー・メイの足跡～〔改訂増補版〕』

訳者は、「メイはケインズやヒックスとも親交があり、経済学にもかなりの造詣があった。アメリカ経済学会の副会長や全国経済調査局の局長や局長次席の要職にもついた」（13頁）と述べています。メイの広範な知識に裏付けられた会計への洞察がうかがわれます。メイの経歴および業績は、本書を読めば十分です。この他、本書で次の著書が参考文献としてあげられています。Paul Grady ed., *Memoirs and Accounting Thought of George O. May*, (Ronald Press, 1963) で、筆者の手元には、コピーがあります。

メイは、学者ではなく実務家でしたので、著書は多くありません。メイの論文などを収録したものに次の文献があります。

Bishop Carleton Hunt *ed*, *Twenty-Five Years of Accounting Responsibility, 1911-1936—Essays and Discussion—*, Price Waterhouse & Co., 1936. (Reprinted 1971 by Scholars Book Co.)

手元にあるのはScholars Book Co.版（421頁）です。論文などはテーマごとに収録されていますので、興味のあるところから読んでいくのも良いでしょう。

10－4　ペイトン（William A. Paton）

ペイトン（1889年～1991年）は、1915年にミシガン大学を卒業し、1916年に同大学で修士号、1917年に同大学より博士号を取得しました。1919年ミシガン大学準教授、1921年に正教授になりました。会計学の研究と教育に情熱をもって職務に従事し、1951年に引退しました。大学会計教育者協会（AAAの前身）の創設者の1人で、1922年に第6代会長に就任しました。*The Accounting Review* 創刊に際し、初代編集長（1926年～1929年）を務めました。1935年、AAA創設に指導的役割を演じています。1936年、初代研究ディレクターとして会計原則の設定に精力的に取り組みました。

ペイトンは、新古典派経済学の影響（Taylor, F. M.）を受け、原価より時価を支持し、1930年、原価を支持、第2次世界大戦後インフレーションが進むと時価主義へと意見を変えたことで注目を浴びました。有名なリトルトンとの共著『序説』（102～103頁を参照）では原価主義をとりましたが、その後、時価主義へ意見を変えます。

ペイトンで有名なのが次の著書で、博士論文です。

W. A. Paton, *Accounting Theory*, The Ronald Press Co., 1922. (Reprinted 1979 by Scholars Book Co.)

本書でよく引用されたのがChapter XX "The Postulates of Accounting"（会計公準）です。少し引用をしてみます。

> 実際問題として、会計士は絶えず判断の必要性に直面する。会計は、見積と仮定に満ちている。時折、不幸にも会計士の結論は、ほとんど推測になる。会計士が忘れてならないことは、物質的確実さではなく、経済的データ、価値を取り扱うことである。価値は、構築物、権利、サービスおよび状況の非常に不確実で不安定な部分である。（p.471）
>
> 会計は、非常に目的がはっきりしている分野であり、したがって、ある仮定、原則あるいは手続が考察の対象となる。あらゆるものを合理的とみなすと推測できる観点において適切な目的に役立つならば、正当化されうる。実際、ある仮定なしに会計実務をさらに進めることは不可能である。（p.472）

ペイトンは、会計公準として、The Business Entity, The "Going Concern", Balance-Sheet Equation, Financial Conditions and Balance Sheet, Cost and Book Value, Cost Accrual and Income, Sequencesの7つをあげています。会計公準は、1960年代に米国で取り上げられ、さらにわが国でも論争が起こりますが、それは後述します。

ペイトンの著書についてわが国で取り上げ、検討したものに次の文献があります。

宮上一男編『会計学講座⑤ペイトン研究』世界書院、1979年（初版1979年）。

本書で取り上げるペイトンの著書は、『会計学原理』・『会計理論』、『会計学』、『会社会計基準序説』、『高等会計学』、『株式会社会計と財務諸表』・『資産会計』、『経済学談義』です。『会計学原理』（原著 *Principles of Accounting*, The Macmillan Company, 1918）は、R. L. Stevensonとの共著で、アマゾンでリプリント版が入手できます。分厚い本ですが、4000円くらいだったでしょうか。筆者の手元にあります。『高等会計学』（原著 *Advanced Accounting*）については、思い出があります。ある人がこれを『前払会計学』と訳していました（改訂版では訂正されていました）。“advance”には、「前払い」という意味がありました。簿記の勘定科目で“advances paid”は「前払金」と訳します。ちょっとした誤訳ってあるものです（他人のことをとやかく言える立場ではありません）。誤訳を指摘した本があるくらいですからね。『経済学談義』（原著 *Shirtsleeve Economics*, Applenton-Century-Crofts, Inc., 1952）は、訳が難しくて『肩のこらない経済学』と訳している人もいます。映画『風と共に去りぬ』のラストシーンで主人公（ビビアン・リー）が夕陽に向かって、"Tomorrow is another day"と語りかけますが、字幕では「明日に望みを託して」と訳されていました。直訳すると、「明日は別の日だ」でしょうか。「明日は明日の風が吹く」なんてどうだ、という人もいるそうです。作家の半藤一利がどこかで書いていました。訳は難しいですね。話が脱線しましたが、本原書は、古書店で購入したものが手元にあります。

取り急ぎ、ペイトンの著書で印象に残っているのを数冊あげましょう。

W. A. Paton, *Essentials of Accounting*, The Macmillan Co., 1932. (2nd revised 1949)

手元にあるのは、Robert L. Dixonとの共著で１９５８年に出版されたものです。資産と費用に関して、本書は次のような仕訳を示しています。月初に配達用のトラックのためにガソリンを現金で85ドルで購入したとしましょう。

（月初）	Dr. Delivery Supplies	$85	
	Cr. Cash		$85
（月末）	Dr. Delivery Expense	$85	
	Cr. Delivery Supplies		$85

Dr. は借方、Cr. は貸方のことです。さて、これは、この仕訳は何を意味するのでしょうか。通常、ガソリンを購入すると、借方・燃料費つまり費用の発生とします。しかし、ガソリンは消費して費用になるのであって、消費する前は資産です。消費することによって、借方・資産から貸方・費用に変わると考えるのです。筆者の指導教授の中村謙は、これにヒントを得て、「流れるもの（資産）と流れかた（費用）」、つまり、資産がどのように費用になるのかを跡付けることが重要であるとの見解を述べています。給料は労働用役という資産が労働により消費され給料という費用になり、ボールペンという消耗品は消費することにより消耗品費になるという具合です。ただ、現実には短期間に消費するものは、初めから費用で処理します。期末に未消費のものは、資産に計上します。日商3級の簿記検定試験で、購入時に消耗品として資産計上するか、それとも消耗品費として費用計上するかにより、決算時の処理が異なる問題が出題されるのは、このペイトンの考えによるものでしょうか。支払保険料を支払った場合、前払（未経過）保険料で処理するか、それとも支払保険料で処理するかも同様の考え方です。しかし、建物など数十年にわたり寿命があるものは、まず資産として計上し耐用年数にわたり減価償却をしていきます。理論と実務の乖離がみられますね。そうなると資産とは何かということが問題になります。

ペイトンと御子息のペイトン・ジュニアの共著に次のものがあります。W. A. Paton and W. A. Paton Jr., *Asset Accounting and Administration*, Roberts & Roehl, Inc., 1971. です。本

書の初版は1952年で、ペイトンの単著（*Asset Accounting*）です。手元にあるのは、古本屋で入手したものです。ペイトンの最後の著書は、時価会計に関するものです。大学院生の時、本書をもとに拙い論文を書いた記憶があります。一生懸命読んだのでしょうか。

W. A. Paton, *Corporate Profit —Measurement, Reporting, Distribution, Taxation—*, Richard D Irwin, Inc., 1965.（原亨・今福愛志共訳『会社利潤論—測定・報告・分配・課税』）

本書は、インフレにより貨幣価値が減少する中、時価による測定の意義を論じています。リトルトンとの共著『序説』で原価測定を主張したペイトンが時価測定へとその主張を変え、リトルトンが最後まで原価測定を主張したのですが、2人の立場には興味をそそられます。そのペイトンの立場を訳者は次のように述べています。

現代の会計理論は、いま1つの変革期にあるといえよう。それが、意思決定会計とか情報会計として規定され、制度自体、あるいは経済的条件とは独立した、一個の一般的理論として提起されているとき、われわれは、あらためて、それによって克服されたかにみえる伝統的会計理論の意義を、再検討しなければならないであろう。本書を訳出した動機の1つも、実はそこにある。（「訳者あとがき」）

ペイトン自身は、本書の意義を次のように強調しています。

『真理』の追求にたえず献身し、さらに、客観性、正確性、明瞭性をより高める線で、財務測定の改善にほんとうに関心のある人は、この小著から若干の刺激と助力をえるであろう。（原・今福訳「序」）

次は、ペイトンの論文集です。ミシガン大学のタガート（Herbert F. Taggart）の編集によるもので、彼自身序文を書いています。論文は、ペイトンの会計哲学の展開、会計思想および実務の発展について選択したものです。

Herbert F. Taggart *ed., Paton on Accounting,* The University of Michigan, 1964.

大学院生の時（1970年代中頃）、天神の紀伊国屋書店（当時）で購入した思い出深い本です。713頁の大著、3380円と鉛筆で価格が書かれています。

11　米国における会計原則に係る文献

11−1　米国の会計原則史

米国連邦準備局（Federal Reserve Board: FRB）による貸借対照表を中心とした標準様式および監査要件の策定に始まり、１９３６年のＡＩＡ会計手続委員会（Committee on Accounting Procedure: CAP）、１９５９年のＡＩＣＰＡ会計原則審議会（Accounting Principles Board: APB）、１９７６年の財務会計基準審議会（Financial Accounting Standards Board: FASB）にいたる米国の会計原則発達史を研究するには、次の文献があります。

> Maurice Moonitz, ***Obtaining Agreement on Standards in the Accounting Profession***, American Accounting Association, 1974.（小森瞭一訳『ムーニッツアメリカにおける会計原則発達史』）

ムーニッツは、当時カリフォルニア大学の教授で、ＣＡＰでの会計研究公報（Accounting Research Bulletin: ARB）やＡＰＢでのＡＰＢ意見書の公表において中心的な役割を担っていました。本書は、ＡＡＡのモノグラフとして、米国会計原則発達の研究成果をまとめたものです。米国の会計原則の展開を把握することができます。巻末の訳者解説も必見です。

高松和男『アメリカ会計原則の展開』

本書の意義について、著者は「序」において次のように述べています。

「一般に認められた会計原則」が存在するという前提のもとに、それを具体的に成文化しようとする試みは、1930年代のアメリカに始められたが、これが1960年代には新しい展開がみられている。したがって、1930年代から50年代までの会計原則形成の第1段階にたいして、1960年代以降を第2段階とよぶことができる。こうした時代区分のもとに、アメリカ公認会計士協会とアメリカ会計学会との2つの会計団体の活動を中心に、第2段階の会計原則の形成について考察することが、本書のテーマである。

1960年代以降の新しい会計原則形成の特徴は、会計原則そのものを直接的に成文化するよりも、むしろ「会計公準」や「基礎概念」を探求することによって、会計原則の形成のための理論的基盤を強化しようとしているといえよう。しかし、こうした理論的研究の発展は、おのずから会計原則の基礎にある会計理論の開発を促進し、その結果として多角的な会計理論の展開がみられるにいたっている。

現在の会計理論は、まさにこうした多方面に急速に拡散されている情況下にある。会計理論は、社会的・経済的諸条件の変動に応じて進化の過程をたどっていると考えられるが、その出発点となったものが1960年代であるということができる。したがって、これから将来の会計理論の収束と統合のために、その基点を確認し整理しておくことは重要な意味をもつことは疑いない。ここに、本書の存在理由を認めることができるであろう。

山本繁『会計原則発達史』

本書は、著者の論文を加筆し収録した178頁の小著ですが、米国会計原則発達史を手短に把握するには非常に良い本です。ムーニッツの著書とは違った趣があり、国際会計基準についてもふれています。

1961年、後述の Maurice Moonitz, *The Postulates of Accounting*（『基本的会計公準論』）の刊行後、「会計公準」や「基礎概念」をもとに演繹法により会計基準設定が争点となりましたが、これを焦点に本書は書かれています。本書を道標に次のステップへと進んでください。

11－2　米国会計原則の1910年代から1950年代までの文献

米国連邦準備局（FRB）は、1917年に「統一会計」（*Uniform Accounting*）、1918年に「貸借対照表作成について承認された方法」（*Approved Methods for the Preparation of Balance Sheet Statement*）、1929年に「財務諸表の検証」（*Verification of Financial Statements*）を公表しています。これらは、米国における企業会計原則のはしりです。内容は、貸借対照表と損益計算書の標準様式および最低限の監査要件を規定しています。ただし、法的な強制力はありませんでした。

1926年にニューヨーク証券取引所の株式上場委員会（the Committee on Stock List of the New York Stock Exchange）の執行補佐にホクシー（J. M. B. Hoxcy）が就任しました。ホクシーは、メイと親交があり、メイがAIAの証券取引協力特別委員会（the Special on Corporation with Stock Exchanges）の委員長に就任すると、1930年に大恐慌により混乱した株式市場を救済し、投資家大衆を保護するため企業会計原則の設定のために協力し合うことになります。1932年から1934年の間のホクシーとメイの往復書簡は有名です。また、ウォール街での株価大暴落により、多くの投資家が損害を被りました。これを受けて、米国議会では原因究明の委員会が設置されます。その結果、企業による投資家への不透明な会計情報の提供が投資家の判断を誤らせ株価暴落を招いたとして、統一的な企業会計原則の設定が求められました。そこで、企業会計原則案が提案されることになります。

1933年にAIA会計原則形成特別委員会（Special Committee on the Development on Accounting）が設置され、メイが委員長に任命されます。AIAも企業会計原則の設定に向けて活動を始めます。

加藤盛弘・鵜飼哲夫・百合野正博共訳『会計原則の展開』

本訳書は、上記「貸借対照表作成について承認された方法」、1932年から1934年の間のホクシーとメイの往復書簡である「会社会計の監査」（Audits of Corporate Accounts）、「財務諸表の検証」（1929年）の改訂、および証券取引委員会（Securities and Exchange Commission: SEC）の会計連続通牒第4号・第150号（Accounting Series Release No.4 and No.150）の翻訳がなされています。これらは、米国会計原則の黎明期における貴重な文献です。また、第1章の「一般に認められた会計原則の特徴と歴史的発展」という論文は、当時の米国の会計原則の設定に係る状況が簡潔に描かれています。1つの見解として参考にしてはどうでしょうか。

T. H. Sanders, H. R. Hatfield, and U. Moor, *A Statement of Accounting Principles*, American Accounting Association, 1938.

本書は、著書の頭文字を取って『SHM会計原則』と言います。わが国の「企業会計原則」のもとになった会計原則と言われています（そうでないという見解もありますが）。本書には、連結財務諸表原則がありますが、周知のようにわが国の「企業会計原則」にはありません。タイトル頁をみれば、1938年に出版の後、1959年、1963年、1968年および1974年に再版されています。本書には訳書が2冊あります。山本繁・勝山進・小関勇共訳『SHM会計原則』同文舘、1979年と阪本安一編著『SHM会計原則解説』税務経理協会、1987年です。後者は、全訳するとともに各々の項目に注釈がなされています。『SHM会計原則』を読む場合に、この注釈は理解の手助けになるでしょう。

本書は、筆者にとって思い出深い著書です。会社勤めの傍ら、大学院を受けるべく英語の勉強のテキストとして一生懸命に勉強した記憶があります。1976年頃のことです。大阪梅田の紀伊國屋書店で購入したのを覚えています。原文が理解できず四苦八苦しました。当時は訳書がありませんでした。後日、ある著名な会計学者の著書を読んでいて、「若いときに『SHM会計原則』を読んだが、原文が難解であまり理解できなかった」というような記述をみて、救われた思いがしたことを覚えています。注も入れて１３８頁、わが国の「企業会計原則」と比較しながら読むと、親近感が湧いてくるかもしれません。

中島省吾訳編『増訂ＡＡＡ会計原則　原文・解説・訳文および訳注』

本書は、ＡＡＡ会計原則の１９３６年版、１９４１年版、１９４８年および１９５７年版、さらにSupplementary Statementが第1号から第8号までの原文と訳文が収録されています。この中でとくに議論を巻き起こしたのは、１９５７年版です。１９５７年版は、基礎概念として企業実体、企業の継続性、金額的測定および実現を掲げています。これらは、実現を除き、後に会計公準として確立します。また、実現について、「資産または負債における変動が、会計記録上での認識計上を正当化するに足るだけの確定性と客観性とを備えるに至ったということである」と述べ、実現概念の拡大であるとして議論を呼びました。つまり、従来、実現とは、財貨およびサービスの引き渡し、およびそれに伴う対価の受け取りを要件としていましたが、１９５７年改訂版ではそれらの変動が生じる可能性が高いと判断された段階で認識されるようになります。当時の『企業会計』などでは、この問題に関連して多くの論文が発表されています。また、１９５７年改訂版は、資産を「用役潜在可能性」と定義し、会計原則において時価評価への道を切り開いた先駆的会計原則と言うことができます。

W. A. Paton and A. C. Littleton, *A Introduction to Corporate Accounting Standards*, American Accounting Association, 1938.（中島省吾訳『会社会計基準序説〔改訳〕』）

本書は、取得原価主義による会計基準を打ち立てたペイトンとリトルトンの名著です。略して、『序説』と呼ばれています。ここで、「会計原則」でなく「会計基準」であることに注意してください。『序説』では、「『原則』（principles）という言葉では一般に、会計のような人間用役による制度（human-service institution）において存在しえないほどの普遍的妥当性と恒久性とを示唆することになろう。したがってこの小冊子においては、『原則』という言葉は若干控えて用いられ、有用な基準という考え方が強調されている。」（中島訳、6頁）。『序説』によれば、「原則」は普遍的妥当性と恒久性のイメージがあるので、経済的状況などの変化に伴いその内容に改廃の可能性がある場合に「原則」を用いるのは適切ではなく、代わりに「基準」を用います。これ以後、「会計原則」ではなく「会計基準」というのが一般的となりました。とはいえ、「一般に認められた会計原則」（generally accepted accounting principles: GAAP《ギャアップ》）という言い回しは残っています。

本書の「意図する所は基礎的な骨組みを打ちたてることであって、その骨組のなかで、これに続いて、会社会計基準要綱が設定されうべきものである。会計の理論は、ここでは、脈略ある、相互に斉整せられた、首尾一貫した理論体系（a coherent, coordinated and consistent body of doctrine）と考えられており、もし必要とあれば、これを会計基準という形式で簡潔に表現することもできるのである。」（中島訳「序」）

本書は、取得原価主義会計のバイブルです。筆者が大学院生であった1970年代中頃は、『序説』は必読文献でした。手元にある原書と訳書の頁をめくると、赤線が所々に引いてあり、書き込みもあります。公正価値やら時価やらがやたら幅を利かしている現在、初心に戻って当時の会計書をじっくり読むのも悪くはないと思います。

渡邉進・上村久雄共訳『アメリカ公認会計士協会　会計研究公報・会計用語公報』）

本書は、AICPA, "Accounting Research Bulletin No.43-Restatement and Revision of Accounting Research Bulletin" and "Accounting Terminology Bulletin No.1 *Review and Résumé*" の訳書です。『産業経理』に掲載されたものに加筆・修正をして出版されています。非売品ですので、なかなか手にするのが大変ですが、筆者は学外図書借入をつうじて読むことができました。当時の会計事象の解釈、会計の定義、資産、負債、収益および費用なる用語の定義などが記述されています。現在のＩＡＳＢやＦＡＳＢの用語の定義などと比べると隔世の感があります。

11-3　わが国における米国会計原則の研究書

ＳＨＭ会計原則、ＡＡＡ会計原則、『序説』のわが国の研究書をあげると次のとおりです。

中島省吾『新版会計基準の理論―Ａ・Ａ・Ａ会計基準の理論構造―』

本書は、ＡＡＡ会計原則および『序説』の訳者による「ＡＡＡ会計原則」および『序説』の研究書です。本書の意義は、次の著者の「序」において言い尽くされています。

企業が外部の利害関係者諸集団にたいして財務諸表を公表する制度すなわち財務報告制度は、近代株式会社にとって不可欠と理解され、わが国においても近年おおむね確立されるに至った。そして、その財務諸表の作成にあたって尊重され、あるいは遵守されるべき原則もしくは基準の重要性の認識も深まりつつある。しかし、このような財務諸表会計原則もしくは基準が会計実践を規制する根拠は、単に法令的権威あるいは慣行的確立にとどまってはならない。この種の会計原則もしくは会計基準の規範性の根拠は、卑見によれば、その理論性に求められねばならない。それでは、特定の会計処理あるいは表示の方法が他をしりぞけて基準となりうる理論的根拠は何か。これを明らかにすることこそ「会計基準の理論」の基本課題である。そして、この課題を果すことは、会計学固有の理論を確立する第1歩でもある。本書はこの課題を果そうとする1つの試みである。

この課題を果そうと試みるにあたって、著者は、米国会計学会（AAA）が公表した会計基準とその理論的根拠の解明を意図して書かれた「会社会計基準序説」とにおいて、この課題がどのように意識されかつどのようにそれにたいする答えが与えられたかを明らかにすることに務めた。それは、著者の場合に、このような課題を認識しえたのも同学会のこれらの一連の成果の検討を通じてであり、また、それにたいする答えの示唆をうけたのもこのような検討を通じてであったからである。著者においては、この課題もそれにたいする答えも、すぐれて歴史的・社会的な性格においてのみ理解された。本書での試みは、米国の会計学者たちが僅かに試みている理論的基礎づけを補完することをその目標としている。

前述の「AAA会計原則」および『序説』の参考文献として活用してください。

中島省吾『「会社会計基準序説」の研究』

本書は、その名のとおり『序説』を項目ごとに解説しています。難解な『序説』を読みこなすためには欠かせない文献です。第1章で『序説』成立の意義を述べ、歴史的背景をたどり、著者であるペイトンとリトルトンの人と学説を概観しています。ぜひ、原著・訳書とともに一読してください。

木村和三郎『會計學研究―アメリカ企業會計原則の研究―』

いったいなぜ本書が手元にあるのか、記憶にないのです。東京へ学会出張の折に神田の古本屋で購入したのでしょうか。本書が出版された1955年といえば、まだ日本は復興途上の時期です。筆者が5歳になるかならないかで、野原で鼻をたらして遊んでいたはずで、朝鮮戦争勃発から5年しか経っていません。本書の内容について、他人が解説をするよりも著者に語ってもらうほうが何にもまして説得力があります。格調高さを失わせしめないように、序文を旧漢字のまま引用します。

1930年代におけるアメリカ會計學界・實務界における會計の原則樹立・基準化の傾向は恐らく、今世紀の轉回點に成立したアメリカ會計學の発展史上一つの時期を劃する重大な指標である。このことは時を距たるに従って益々明瞭に浮き出されてくることと思う。1929年の世界恐慌に對するアメリカ経済の再編成策としての1933年のニュウディール政策に對應するかの如く１９３６年から１９４８年までのアメリカの戦争経済を一貫して會計の原則化・基準化の動向はこの時期の最も重大な特徴ということが出來る。

１９３６年アメリカ會計協會（Ａ・Ａ・Ａ）によって口火を切られた原則化の運動は１９３８年サンダース、ハットフィールド、モーア三教授の「會計原則」によって一應の成立を見たが、１９４０年ペイトン、リットルトン兩教授の「企業會計基準序説」によって、ある意味においては完成、ある意味においては對立的な傾向を明瞭にした。１９４１年にはＡ・Ａ・Ａの會計原則の第一次の改正が行われ１９４８年には第二次の改正が行われた。これらの約10年間に現われた「企業會計原則化」の三つの流れは、互に他に關連することなきが如くに對立している。尤も、これらについてはその發表せられるや Accounting Review 誌上において批評せられた。ことにサンダース、ハットフィールド、モーア三教授の「會計原則」とペイトン、リットルトン兩教授の「企業會計基準序説」とはその出版が僅かに二ヵ年の距りにも拘わらず、全く對照的である。この對立がアメリカの會計學界・會計實務界において、何に基くものであるかは興味のある問題である。一は現實の實踐を肯定的に把握し實際の調査に重點をおいているのに反し、他は將來の成果に重點をおいている。その意味ではアメリカ會計士實務を代表し代辯しているのに反し、他はアメリカ會計學を代表し學的水準を指示しているようである。

これらの一連のアメリカ會計原則の樹立の傾向を追跡した結果が本書の諸論文である。固より不備・不充分である、アメリカ會計學の研究には、尚多くの補充すべきものがあるのであるが、ここにまとめてこの小冊子にした。何程かの參考に供しうれば幸甚であり、又好意ある完膚なき批評を期待する。

残念なことに、本書は大学の図書館にあるかどうか不安があります。そこで比較的出版年が新しい、米国の会計原則設定に係る『SHM会計原則』、AAA会計原則などを取り扱った文献として次の著書があります。

黒澤清『近代会計学』〈普及五訂〉

本書の初版は、1951年に出版されています。それから20数年にわたり版を重ねているのは、いかに本書が読者の心を掴んだかを物語っています。著者の本書への序をもって解説に代えます。

本書で取り扱った主要なテーマは、近代会計学の生成発展に関する考察と、近代会計学の中心課題たる会計原則に関する批判的研究である。とくに会計原則の比較考察に重点を置き、古くは「ドイツ貸借対照表法」における貸借対照表原則をふくめて、近年アメリカにおいて劃期的な展開を示した会計原則の問題をはじめとして、イギリスにおける会計原則ならびにわが国の「企業会計原則」をとり上げて、細大もらさず、比較し、解説することにつとめたのである。

ところで、米国における損益計算書中心の会計の発展には、「所有と経営の分離」があります。株式会社の発展により、株主自らが会社経営を行うのではなく、会社経営のエキスパートである経営者が会社経営を行い、その結果を財務諸表により株主に知らしめるのです。株主は、投資に対する配当金の割合を損益計算書の利益により判断し、成果を上げることができない経営者を交代させます。

12 米国における会計基準に係る文献

12－1 米国会計原則の1960年代の文献

1960年代になると米国の会計基準は、新たな展開を迎えます。

Maurice Moonitz, *The Posturates of Accounting*, AICPA, 1961.（佐藤孝一・新井清光共訳『基本的会計公準論・企業会計原則試案』）

本書は、わが国において「会計公準」論争の契機となったAICPA Accounting Research Study No.1で、61頁の小冊子です。演繹法により会計基準を設定するための基礎的前提である会計公準について詳細に論述されています。会計公準といえば、会計のテキストでは、企業実体の公準、会計期間の公準および貨幣評価の公準が定番ですが、当時さまざまな公準論が展開されました。

佐藤孝一は、わが国の会計学の戦後の礎を築いた会計学者の1人で、多くの著書を残しています。また、早稲田大学において多くの会計学者を世に出し、教育者としても多大なる功績をあげています。

わが国で会計公準といえば、次の著書があります。

新井清光『会計公準論〈増補版〉』

会計公準といえば、本書は名著中の名著でしょう。初版は、1969年に出版されています。巻末に参考文献として内外の著書・論文が19頁にわたり掲載されています。また、英文の論文も収録されています。大学院生のときに、一生懸命に読んだものです。何も解説いたしません。とにかく読んでみてください。

会計公準に関連して、企業実体の公準と企業主体論の文献をあげておきます。

阪本安一『近代会計と企業体理論（改訂版）』

わが国では、会計は企業の所有主（株主）と企業それ自体を区別し、企業それ自体を会計単位として会計を行うという会計実体の公準とその企業自体をどう捉えるかという会計主体論（これには、所有主理論、代理人理論、企業実体論および会計体理論などがある）に分けて議論が行われました。これは、米国において会計実体と会計主体を混同して議論が行われ、混乱をもたらしたという反省があったからです。ところが、最近の公開草案 *The Conceptual Framework for Financial Reporting: Reporting Entity* でもこの点が解消されていないように思われます。

本書は、企業体理論の立場から企業会計を捉えようとします。すなわち、「企業会計は企業所有主のために存在する私的用具ではない。それは、今日では、企業をとりまく多くの利害関係者の利害を調整する社会的公器にまで発展している。本書の主題とする企業体理論は、このような利害調整的見地から企業会計の根底に横たわる原則や基準を解明しようとするものである。」（「改訂版序」）

代理人理論については、江村稔『複式簿記生成発達史論』（中央経済社、1953年）が、わが国ではあげられます。なお、このような主体論に対し、資金理論の立場から自説を展開したのが次の文献です。

William J. Vatter, *The Fund Theory of Accounting and its Implications for Financial Reporting*, The University of Chicago Press, 1947 (Reprint, 1974).(飯岡透・中原章吉訳『バッター資金会計論』)

本書の意義について、序文は次のように述べています。これらに本書の意義が凝縮されていると言えるでしょう。

原著は発表された当時から、アメリカではもとより、わが国の学界においても非常に注目された文献である。本書では、従来の会計理論にみられなかった数多くの独創的な見解が主張されているが、なかでも資本主理論や企業実体理論を否定して会計主体を資金に求めている点、動態的思考を排して資産の本質を用役潜在力としたことなどは、会計理論の新しい展開を試みたものとして特筆すべきであろう。(佐藤孝一「序文」)

バッター教授は、会計主体を資金概念から説明する、いわゆる資金理論を提唱し、資本主理論や企業実体理論などの人格化された主体を否定している。この資金理論は主要な会計主体論のひとつにかぞえられるものであって、以来会計学研究に重大な影響を与えた学説である。バッター教授はまた、資産の本質を用役潜在力としたが、これは動態論による資産概念の根本的批判として、それに代るべきものを提唱したもので、アメリカ会計学会が1957年に発表した「会社財務諸表に関する会計および報告基準」にもこれが採り入れられている。さらにバッター教授が会計の目的を損益の算出に代えて、残余持分の算出であるとして残余持分概念を導入したことも注目されよう。（「訳者序文」）

会計公準をもとに演繹的に会計基準を設定したのが、次の文献です。

Robert T. Sprouse and Maurice Moonitz, *A Tentative Set of Broad Accounting Principles for Business Enterprises*, 1962.（佐藤孝一・新井清光共訳『基本的会計公準論・企業会計原則試案』）

このスプローズとムーニッツの『企業会計原則試案』は、あまりにも実務とかけ離れているとして批判を受けることになります。とくに、時価評価に関する部分は争点となりました。

Committee to Prepare a Statement of Basic Accounting Theory, *A Statement of Basic Accounting Theory*, AAA, 1966.（飯野利夫訳『アメリカ会計学会基礎的会計理論』）

本ステートメントは、きっかり100頁の小冊子ですが、略してＡＳＯＢＡＴ《アソバット》といいます。訳書は、1969年に初版、手元にある1975年は11版です。わが国でよく読まれたことがわかります。当時の大学紀要や雑誌にＡＳＯＢＡＴについては多くの論文が書かれています。ＡＳＯＢＡＴは、「第1章　序説」で次のように述べています。

本委員会の課題は基礎的会計理論に関する報告書を作成することであった。われわれは『理論』を、仮説的、概念的および実用主義的な諸原理が首尾一貫性をもって結合したものであり、かつ、ある研究領域に対して一般的見解を形作っているものである、と定義する。この報告書を作成するにあたって、本委員会はつぎの諸点について研究した。

（1）会計に関する有用性な一般的法則を帰納しまた理論の展開を可能にするために、会計の領域を明らかにする。

（2）会計情報であることを判断することのできる基準を確立すること。

（3）会計実務について実行可能な改善策を示すこと。

（4）会計に対する社会の要求が拡大するに伴って、会計の利用と会計問題の範囲を拡張しようとしている会計研究者に役だつフレームワークを提示すること。（飯野訳）

ここで本委員会とは、基礎的会計理論報告書作成委員会（Committee to Prepare a Statement of Basic Accounting Theory）を言います。1964年10月に第1回の会合が開かれ、報告書が公表されるまで2年間が費やされています。

ASOBATで特徴的なのは、会計の定義です。そこでは、「情報の利用者が事情に精通して判断や意思決定を行なうことができるように、経済的情報を識別し、伝達するプロセスである」（飯野訳、2頁）と定義しています。前述（103頁）の「会計用語公報」は、「会計とは財務的性格―少なくとも一部は―を有する取引および出来事を、意味ある方法で、また貨幣の名目で、記録・分類・総合するとともに、その結果を解釈する技術である」（渡邉・上村共訳、171頁）と定義しています。この2つの定義から、ASOBATは会計情報について主に投資家に対する意思決定有用性を求めており、現在のIASBやFASBなどの会計基準設定に相通ずるものがあります。しかし、当時は時期尚早として、会計基準として俎上にのることはありませんでした。今一度、ASOBATを読み返してみると、その先進性が読み取れます。

前述（9頁）のCommittee on Concepts and Standards for External Financial Reporting, *Statement on Accounting Theory and Theory Acceptance*, AAA, 1977.（染谷恭次郎訳『アメリカ会計学会会計理論及び理論承認』国元書房、1980年）は、「ASOBATの発表以後、根本的な変化が起こった。会計理論が伝統的に利用してきた基礎的な学問はかなり変わってきており、会計研究者は新しい角度から広い範囲にわたる会計上の論争点を探求するため、新しい用具、見方及び分析技術を熱心に利用してきた。」（染谷訳「まえがき」）と述べています。

12-2 米国会計原則の1970年代の文献

企業会計原則審議会（ＡＰＢ）は、１９３６年に設立された会計手続委員会（ＣＡＰ）に代わり、１９５９年にＡＩＣＰＡに設置されました。ＣＡＰは、51の会計研究公報（ＡＲＢ）、会計用語公報を公表してその使命を終えています。ところで、訳書は、１９６３年に初版、手元にある１９８１年に刊行されたものは６版です。

> Statement of the Accounting Principles Board, *Basic Concepts and Accounting Underlying Financial Statements of Business Enterprises*, AICPA, 1970.（川口順一『アメリカ公認会計士協会　企業会計原則』）

訳者によれば、本ステートメントの意義は次のとおりです。

周知のように、米国の公認会計士は、企業の会計実務にきわめて強大な指導力をもっている。その力のよっている背景には、いろいろの要素がみられるが、中でも、専門化された組織的業務による広範かつ高度なサービス能力、高い独立性、企業の良き助言者としての親密性、などが目立っている。かかる強固な基盤に立脚したＡＩＣＰＡの会計原則は、名実ともに、米国における唯一の「一般に認められた会計原則」の地位にある。俗に「ＡＰＢオピニオン」と呼ばれる「会計原則審議会意見書」がそれである。この意見書は、財務会計の個別テーマについての会計原則であり、個別意見書であるがための数々の長所を有しているが、その半面、網羅性と体系性と基礎的概念とに根本的な弱点が潜んでいる。

審議会は、この弱点を克服するため、精緻な個別原則を有機的に体系化し、その体系化に必要な基本的一般理論を確立するという、困難な計画に永年とり組んできたのである。その足跡は、「会計調査研究叢書」の第1巻、第3巻、第7巻に十分うかがわれる。そして、遂にこれらの業績の集約的頂点として、本書が公表されるに至ったのである。本書によって、審議会意見書（及びその前身たる会計調査公報）に盛られている精細な理論や複雑な手続きの基礎的意義になった。それとともに、現在の会計原則の実像と将来の改革の方向も白日の下に示されたことは、まことに画期的な意義をもつというべきである。（川口訳「序文」）

なお、引用中の「会計調査研究叢書」は、15巻刊行されているようです。

Report of the Study Group on the Objectives of Financial Statements, *Objectives of Financial Statements*, AICPA, 1973.（川口順一『アメリカ公認会計士協会　財務諸表の目的』）

本レポートは、インデックスを含め71頁の小冊子です。訳書の初版は１９７６年に刊行され、筆者の手元にあるのは、１９８１年の第2版です。本レポートの意義について、訳者は序文で次のように述べています。

今世紀の後半は、近代会計史において特筆されるような会計原則改革の時代となっている。数々の有為な提案を基に、画期的な改革の方途が実行に移されており、この潮の一つのピークとして本書が生み出されたのである。これは、一般に認められた会計原則の設定母体たるアメリカ公認会計士協会の手になる新時代の会計原則の基礎設計図である。このような試みは、過去にも個人や学界から行われたことがあるけれども、それらと一線を明確に画する点は、本書が、アメリカ公認会計士協会という米国の会計原則の担い手自身によっていることである。それは、単なる理想論ではなくて、実践を前提にしたものであることを理解しなければならない。ちなみに、本書は、『財務会計基準審議会（ＦＡＳＢ）』のテーマに上げられており、実践規範化される運びとなっている。
本書は題名のとおり会計の基本的使命を明らかにし、これを具体的に証明することを目的にしている。その目的に対するアプローチは、実態調査を基にしながらも、きわめて演繹的な論法によっており、このことは、従来のアメリカ公認会計士協会の公式文書が、すべて帰納的アプローチによってきたのといちじるしい相違をみせている。この点でも注目に値するであろう。演繹的論理展開をいかに実践可能な基準に化体させていくかに、興味がそそられる。（川口訳）

本レポートは、『ＳＨＭ会計原則』、ＡＡＡ会計原則および『序説』から現在のＦＡＳＢの会計基準への橋渡しの役割をしています。「会計基準」を演繹的に設定する場合に、「財務諸表の目的」をＦＡＳＢの概念フレームワークは掲げています。本レポートは、その先駆けであるといっても過言ではないでしょう。

これ以後、いよいよ米国会計基準の形成へ向けて佳境に入ることになります。１９７６年、ＡＰＢの活動の反省を踏まえ、ＦＡＳＢが設立されます。

12−3　ＦＡＳＢによる概念フレームワークの文献

概念フレームワークの文献を取り上げる前に、ＦＡＳＢについて説明をしておきましょう。

Paul B. W. Miller *et al., The FASB: The People, the Process, and the Politics,* 1st edition, Irwin McGraw-Hill, 1986.（高橋治彦訳『The FASB　財務会計基準審議会―その政治的メカニズム―』）

訳書の原著書は、１９８６年の初版です。筆者の手元にあるのは、第４版で１９９８年に刊行されています。この間、出版社がRichard D. Irwin, Inc.からIrwin McGraw-Hillに代わっているようです。ＦＡＳＢの組織とそのメンバーは、現在変更がなされていますが（ＦＡＳＢのホームページ参照）、ＦＡＳＢ設立の経緯および当時の状況を知ることができます。ＦＡＳＢは、ＡＰＢの後を受けて、１９７３年に発足します。ＡＰＢは１９５９年から１９７３年までにＡＰＢオピニオンを31、ＡＰＢステートメントを４公表しました。なお、ＦＡＳＢは、ＣＡＰやＡＰＢのようにＡＩＣＰＡのもとでの組織ではなく、独立性および中立性を保つために財団により運営されています。

FASB, FASB Discussion Memorandum, *An Analysis of Issues Related to Conceptual Framework for Financial Accounting and Reporting: Elements of Financial Statements and Their Measurement,* 1976.（津守常弘監訳『ＦＡＳＢ財務会計の概念フレームワーク』）

1976年FASB討議資料（Discussion Memorandum）は、利益観について、収益費用観（revenue and expense view）から資産負債観（asset and liability view）への転換を主張した歴史的文献です。なお、収益費用観は収益費用中心観とか収益費用アプローチ、資産負債観は資産負債中心観とか資産負債アプローチと呼ばれることがあります。

収益費用観は、収益と費用を原因と結果との関連で期間的に対応させ、期間損益を算出するフロー計算です。具体的には、収益は実現主義、費用は発生主義、さらに収益と費用を対応させ（費用収益対応の原則）、期間損益を計算します。これを発生主義会計と言います。1976年FASB討議資料は、この利益観は原因と結果という抽象的な状況で損益を計算するために、主観的で利益操作の原因になると批判しています。そして、これに代わるものとして資産負債利益観を主張するのです。

資産負債観は、資産と負債の差額である純資産ないし富の変動額として損益を算定するストック評価です。収益は資本の拠出以外資産の増加および負債の減少、費用は資産の減少および負債の発生により認識計上されます。この利益観では収益や費用の認識が資産の増減および負債の減少という具体的な形で生じるために、客観的で利益操作の余地がなくなると主張されます。

1976年FASB討議資料は、現在、原著書および訳書とも手に入れることは難しいでしょう。大学の図書館で探して一読してください。少々難解ではありますが、収益費用アプローチおよび資産負債アプローチと題する論文が数多く発表されているので、参考にしてはどうでしょうか。

FASB, *Statement of Financial Accounting Concepts*, 2000.（平松一夫・広瀬義州訳『ＦＡＳＢ財務会計の諸概念（増補版）』）

米国では、会計基準をつくるための基礎概念として、会計の憲法というべき財務会計概念書（Statement of Financial Accounting Concepts: SFACs）を公表しています。

概念フレームワーク（Conceptual Framework）は、ＦＡＳＢにより公表された首尾一貫した一連の相互関連した目的および基礎的概念です。目的において財務諸表の目的を明らかにしています。基礎的諸概念は、財務会計の基礎です。それらは、会計処理をする取引、事象および状況を選択し、選択された項目を認識・測定し、その結果の情報を要約し伝達する指針となります。ＳＦＡＣｓは、会計処理や会計報告の基準を確立するものでなく、それらを確立する首尾一貫した一連の基準の展開、解釈および適用の基礎となることを目的としています。

ＩＡＳＢは、*Framework for the Preparation and Presentation of Financial Statements*（「財務諸表の作成および表示に関するフレームワーク」）を公表しています（ＩＡＳＣが１９７８

年に公表し、ＩＡＳＢによる２００９年４月公表の「ＩＦＲＳの改善」で承認)。ＩＡＳＢのフレームワークについては、ＩＡＳＢのホームページを参照してください。フレームワークおよびＩＦＲＳｓなどについては、中央経済社より訳書が出版されています。

ＩＡＳＢとＦＡＳＢの共同プロジェクト「概念フレームワークプロジェクト」は、２０１０年に*The Conceptual Framework for Financial Reporting: Objectives and qualitative characteristics*）を公表しています。質的特性について、「信頼性」が「忠実な表現」になっています。諸要素の定義、認識、測定などについて今後改訂がなされる予定です。

13　わが国における会計原則に係る文献

13－1　わが国の会計発達史

わが国の江戸期と明治期の簿記の展開については、前述のとおりです。わが国の明治期以降の会計の発達を取り上げた文献に次の著書があります。

青木茂男編『日本会計発達史』

本書の副題は「わが国会計学の生成と展望」で、大きく「第Ⅰ編　明治期以降戦前までの簿記・会計の発展」、「第Ⅱ編　戦後の現代会計学への発展」、および「第Ⅲ編　今後の会計学の展望」から構成されています。第Ⅰ編は、第1章「近代簿記会計の誕生」（福澤諭吉『帳合の法』、アラン・シャンド『銀行簿記精法』）、第3章「明治以降のわが国の会計学」、第5章「商工省会計諸準則の制定」、および第6章「第2次大戦中のわが国の会計」などがテーマとなっています。第Ⅱ編は「企業会計原則」、商法および「原価計算基準」など、第Ⅲ編では国際会計基準、連結会計およびインフレ会計などが取り上げられています。本書によりわが国会計の発展の経緯を辿ることができます。

近代会計制度百周年記念事業委員会編『近代会計百年—その歩みと文献目録』

本書は、著書の文献目録と所蔵と所蔵機関名を掲載しています。文献目録（Ⅰ）は、明治2年から昭和19年までの文献を年代順に記載しています。文献目録（Ⅱ）は、簿記、会計、原価計算、監査、経営分析、法規およびプロジェクト別に、明治14年から昭和20年までの文献を年代順に記載しています。論文も掲載されており、黒澤清稿「わが国会計制度百年のあゆみ」は、百年の流れの大枠を把握するのにうってつけです。

黒澤清『日本会計制度発展史』

本書は、黒澤門下の若杉明、河野正男、千葉準一および合崎堅二により、黒澤の死後編集されたものです。若杉は、本書出版の意義について次のように述べています。

わが国の会計制度は、明治初期に欧米型のシステムを導入して以来百数十年の歴史を有する。今日までのその発展の間に、幾多の銘記すべき出来事が生じたが、第2次世界大戦の終結をまって、はじめて民主主義的な近代的資本主義国家にふさわしい近代会計制度の確立をみるにいたった。第2次大戦中に、戦時国家としての財務諸表制度や原価計算制度が整備されていったが、これが第2次大戦後の近代会計制度の成立に、基礎をなすものとして貢献したことは否定することができないであろう。そして終戦をさかいに戦時国家に別れを告げ、本質的な意味で欧米型会計制度への質的転換がはかられることとなった。このような転換の契機をなすものが企業会計原則の出現であるといえよう。このようにしてわが国における会計制度は、明治以来の日本国家の近代化と歩調を合わせながら発展を続けて現在に至っており、その進展の歴史はまさに明治以来の日本文化の発展の一側面を形成するものとして評価され、物の本に書き残されて後世に語り伝えられるべき価値を有するものと確信される。(「序」)

黒澤のわが国会計制度への絶大なる貢献は、誰もが認めるところだろうと考えます。本書は、その意気込みをわれわれ読者に感じさせてくれます。

千葉準一『日本近代会計制度―企業会計体制の変遷』

著者は、2011年に急逝されましたが、本書は戦前、企業会計原則制定運動の開始、戦後日本の企業会計体制、戦後「証券取引委員会」設置と崩壊、昭和40年代・50年代の「企業会計原則」と商法および計算書類規則等の調整の題目の下に日本の企業会計制度の変遷を述べています。前述の黒澤『日本会計制度発達史』（財経詳報社）と基軸を同じくする見解を展開しています。

13−2 わが国の戦前の財務諸表準則の文献

前述の黒澤『日本会計制度発達史』は、1920年代以降の現代制度会計史を、「第1財務諸表準則時代」、「第2原価計算準則時代」、「第3企業会計原則時代」の3つの時代に区分します。

第一の財務諸表準則時代は、すでにその萌芽は、大正の半ば頃（一九二〇年以前）にはじまり、昭和九年（一九三四年）に商工省財務管理委員会の「財務諸表準則」が公表された時点で頂点に達し、昭和十二年（一九三七年）に「製造原価計算準則」が公表された時点で、原価計算を基礎づけるものとしていっそう洗練されるにいたったのであるが、後年の企業会計原則時代の形成を準備するものとして大きな歴史的意義を持ったのである。このように「財務諸表準則」の影響力は、その後も長く持続したのであるから、昭和九年の時点で、その時代が終結したのではなく、第二の原価計算時代と称するものは、財務諸表準則時代の複合的な効果を意味する時期として理解する必要があるように思われる。

第二の原価計算準則時代の発端は、すでに財務諸表準則時代に見い出されるが、昭和十二年（一九三七年）に財務管理委員会の「製造原価計算準則」の公表の時点で、明確なものとして歴史的に出現した。その後展開された戦後経済時代の統一原価計算制度の実施の段階において、会計制度史上特別の意義をもつものとして解釈されるにいたるのである。

第三の企業会計原則時代は、戦後昭和二十四年（一九四九年）に経済安定本部から公表された「企業会計原則」の公表を起点として、今日にいたる新しい会計パラダイム変革の期間を意味する。（190〜191頁）

黒澤清編著『わが国財務諸表制度の歩み　戦前編』

本書は、財務諸表準則時代の商工省臨時産業合理局財務管理委員会「準則」、企画院「準則（草案）」および企画院「財務諸表準則草案」の展開を取り上げ、わが国の財務諸表制度の確立に果たした役割を考察しています。とくに、戦前におけるわが国の会計のレベルの高さを検証する意図があり、これが戦後の企業会計原則の制定への布石となることを暗示しているようです。

久保田秀樹『日本型会計成立史』

著者は、本書執筆の動機および目的を次のように述べています。

戦後のしかも昭和30年代に生まれた著者にとって、戦前・戦中期は現代の継続性など思いもよらぬ「昔」であった。しかし、速記録という「肉声」を通じて、制度としての継続性はもとより、会計問題の継続性に気づくことができた。少しでもそうした継続性を再現すべく、当時の円卓討論の速記録等を数多く引用させていただいた。当時提起された一部の問題が、現在なお未解決かつチャレンジングであることに驚くほかない。また、会計に関する資料以外の著述によって得た知識や印象が、会計資料の理解に役立ったと思う。当事者の回顧を通じて、できるだけ当時の状況を把握し、そのうえで昭和期の会計制度の意味について考察することに腐心した。本書は、会計史の研究というより、「日本型」会計制度のルーツを探るべく、昭和初期から戦後占領期の会計制度に関する鳥瞰図を得ることに目的がある。（「序」）

13−3　わが国の「企業会計原則」の研究・解説書

１９４９年に「企業会計原則」が公表されます。「企業会計原則」について、その前文は、「企業会計の実務の中に慣習として発達したもののなかから、一般に公正妥当と認められたところを要約したもの」と述べています。これについて、「本文の内容は決して日本の企業会計の実務の中に慣習として発達したものばかりではなかった。むしろ重要な部分はアメリカの会計原則を採り入れたものであった。」（中村忠「企業会計原則とは何か」、５頁、会計人コース別冊『全面解説新企業会計原則』、１９８２年）という見解があります。同時に、「財務諸表準則」も公表されますが、これはいつの間にか歴史の舞台から退場し、現在『会計法規集』にも載っていません。筆者の手元に、１９５３年に中央経済社から出版された中経文庫版「企業会計原則」（定価70円、総数１２０頁）がありますが、それには含まれています。強いていえば、「財務諸表等規則」に引き継がれているといえるでしょうか。ちなみに、アマゾンの中古書によれば、中央経済社から１９５０年に出版された「企業会計原則」（96頁）は、２６９５０円もするそうです。なお、「企業会計原則」の所轄は、経済安定本部会計制度対策調査会から大蔵省企業会計審議会へ、さらに金融庁企業会計審議会へと代わっています。

「企業会計原則」は、「SHM会計原則」をもとに制定されたという見解もあります。中村忠は、「わが企業会計原則は、形式も内容もアメリカS・H・M会計原則」「によく似ていることは周知のとおりである。もっともS・H・M会計原則には、第4部として連結財務諸表原則が含まれているが、わが国では当初これは問題とならなかったので、昭和50年6月に企業会計原則とは別に連結財務諸表原則が設定された。」（中村、同上論文、8頁）と述べています。それはともかく、1946年に連合軍司令部（GHQ）渉外局は、『工場会社及び商事会社の財務諸表』に関する指示書」（通称、「インストラクション」）を公表しています。

「企業会計原則」制定の経緯については、黒澤清「史料　日本の会計制度」『企業会計』第31巻第1号～第32巻第4号（1979年1月～1980年4月）が参考になります。手書きなどの資料も掲載され、「企業会計原則」誕生の生々しさが伝わってきます。ただ、黒澤は、上述の中村の見解には批判的です。「企業会計原則」は、戦前の財務諸表準則などの流れをくむもので、わが国の会計学者などが主体的に考え出したものであることが強調されています。

「企業会計原則」は、1954年、1962年、1974年、1982年に改訂されています。これは商法の会社の計算（現会社法）および計算書類規則（現会社計算規則）の改正と連動して行われました。しかし、1982年以降約30年にわたり改訂が行われていません。

この間、企業会計基準員会が企業会計基準などを制定しています。「企業会計原則」の改訂などは、次の文献に詳細な記載があります。

新井清光編『日本会計・監査規範形成資料』

本書は、第1編　企業会計原則関係、第2編　監査基準・準則関係、第3編　商法計算・公開、監査規定関係、第4編　公益法人会計基準関係、第5編　特殊法人会計基準関係、第6編　学校法人会計基準関係から構成されています。

企業会計原則関係は、戦前の会計準則など、企業会計原則・注解、財務諸表準則、各種意見書・基準などが収録されています。

嶌村剛雄『会計制度資料訳解』

本書は、企業会計原則、一般原則、損益計算書原則、貸借対照表原則および注解の修正の比較検討、さらに商法（計算規定）の改正、計算書類規則の改正、財務諸表等規則の改正経過および連続意見書が項目・規則ごとに記載されています。

これらは、取得原価主義、発生主義、実現主義および費用収益対応原則（収益費用アプローチあるいは費用動態論）によるわが国の会計制度の成立過程を知るうえで貴重な文献と言うことができます。

新井清光編著『企業会計原則の形成と展開』

著者を主査とする1986年度および1987年度の2年間にわたる日本会計研究学会特別委員会最終報告「企業会計原則と商法計算規定」などをまとめたものです。

編著者によれば、「本書は、――企業会計原則を中心とする、戦後約四〇年の我が国公計規範の歴史を回顧するとともに、その歴史を率直に評価し、さらにそれらを踏まえて将来への多面的な展望を試みたものであるが、会計規範に関するこのような総合的な研究はこれまで皆無ではなかったかと思われる。そのような意味においても、本書は、今後この領域に関する同学の方々の研究に寄与し、併せて我が国における会計規範の一層の充実発展のために貢献しうるならばまことに幸いである。」（「まえがき」）と記されています。

新井清光『日本の企業会計制度』

著者はわが国の「企業会計原則」の発展、とくに1974年の修正等以降、主導的な役割を演じた1人であり、かつ多大なる貢献を果たしたことは、誰もが認めるところであろう。その著者による日本の企業会計制度、すなわち証取法会計、商法会計および法人税法の展開をまとめたものが本書です。

本書は、日本の企業会計制度について、終戦直後から最近までの形成と展開の跡を、主として企業会計原則を中心にして、たどったものである。周知のように、日本の企業会計制度は、主として、商法、証券取引法および法人税法の三つの法令にもとづく会計から形成され、しかもこれらは、相互に密接な関係をもちながら展開されてきた。

このような日本の企業会計制度の仕組みは、しばしばトライアングル体制と呼ばれているが、このような体制は、海外にその例をみない、日本の企業会計制度特有のものであると考えられる。

その理由は、日本の企業会計制度が、大陸法系の会計を明治以来継受してきた商法会計と確定決算主義を採用してきた法人税法会計に加えて、戦後の英米法系（とくに米国）の会計を導入した証券取引法会計および企業会計原則の三つから成り立ち、しかもそれらが、主として実務的・制度的な便利性のゆえに、ハイブリッドな体制として相互に密接な関係をもって形成され、展開されてきたためであるといえよう。（「まえがき」）

近年のIFRSの導入により、わが国のトライアングル体制はほころびはじめ、昔の面影はありません。しかし、ＩＦＲＳ導入による連単分離云々が論議の的になっている昨今、わが国の企業会計制度を整理しておく必要があるのではないでしょうか。

「企業会計原則」については、次の対談による解説書があります。

中村忠・飯野利夫『対談　わが国の会計諸則を学ぶ』

本書は、『税経セミナー』に連載された対談をまとめたものです。中村忠（当時、一橋大学教授）と飯野利夫（当時、中央大学教授）は著名な会計学者で、『税経セミナー』の連載および本書を読んだ記憶があります。さらに、中村には次の対談集があります。これも『税経セミナー』に連載されたものです。少し専門的なので、会計学の基本知識が必要であると、中村は「はじめに」で述べています。

中村忠編『会計基準を学ぶ　審議会、「意見書」等の検討』

本対談は、商法、税法への提言および連続意見書について嶌村剛雄（当時、明治大学教授）、連結財務諸表原則、外貨建取引等会計処理基準および中間財務諸表作成基準について武田隆二（当時神戸大学教授）、物価変動会計意見書について白鳥庄之助（当時、成城大学教授）、原価計算基準について岡本清（当時、一橋大学教授）の各氏と中村により行われたものです。

黒澤清・若杉明『対談　企業会計原則を学ぶ』

本書は、「対談の記録という形式のもとに、企業会計原則の逐条的な共同討議を試み、その結果を整理したもので」（「序」）す。学習の便宜を図り、資本剰余金、発生主義の原則などについて計算事例により詳細に説明されています。なお、黒澤には、『解説企業会計原則』（中央経済社、1982年）があり、1982年の「企業会計原則」の改訂についての解説書です。これ以後、現在に至るまで「企業会計原則」の改訂はなされていません。

この他、「企業会計原則」について、企業会計審議会のメンバーなどによりまとめられた文献に次のものがあります。

嶌村剛雄『会計原則コンメンタール』

同じ書名で、木村重義『新版会計原則コンメンタール』（中央経済社、1965年）が手元にあります。初版が1958年です。「企業会計原則」の注釈と「文献の研究」からなり、前者を木村が後者を嶌村が執筆しています。本書は、副題に「解説文献の研究」とあります。木村著の「文献の研究」を嶌村が膨らませて出版したものです。「企業会計原則」の規定を取り上げ、それに対する見解を整理しています。数多くの著書や論文などが参考文献としてあげてあります。「企業会計原則」の研究をする上では非常に貴重な文献です。ただ、1982年の改訂は、著者の早逝のため含まれていません。それでも本書は十分にその役割を果たしています。同じ著者に次の文献があります。

嶌村剛雄『新体系会計諸則精説』

本書は、「企業会計原則」、商法および計算書類規則、そして財務諸表等規則などの会計諸則を比較して、詳細に解説をしています。1冊で3冊分の内容が込められています。ただし、前著と同様に、「企業会計原則」の1982年の改訂、商法および計算書類規則、そして財務諸表等規則などの改正は含まれていません。

番場嘉一郎『詳説企業会計原則』

企業会計審議会の会長であった著者による1974年の「企業会計原則」の解説書です。序文では、「本書の主眼とするところは今回改正された企業会計原則の改正点のみでなく、改正されていない点を含めて全面的な解説を試みることにあ」り、「学究、公認会計士、経理実務専門家、会計メジャーの方々に対する参考」となるであろうと述べています。当時商法および計算書類規則の改正に伴い、財産目録の廃止、財産法から損益法へ、棚卸法から誘導法へと、商法において企業会計が採り入れられました。しかし、商法や計算書類規則が強行法規であるところから、「企業会計原則」と商法および計算書類規則との相違がある場合、「企業会計原則」がその理論規範としての役割を一部緩め、商法や計算書類規則と妥協するなど、実践規範の道をさらに推し進めたりして批判を受けました。その批判をいかに受け止めて、「企業会計原則」の意義を主張しているのかについて、改訂責任者の言い分を聞くことができます。

新井清光『企業会計原則論』

1982年の「企業会計原則」の改訂は、当時の日本経済新聞の「経済教室」欄に「引当金大革命」というような見出しにみられたように、引当金規定が改訂されました。これは、当時の商法第287条ノ2の引当金規定との関係で大きな議論となりました。また、本改訂の後、引当金論争が雑誌などで展開されました。筆者は、これを契機に研究テーマを「引当金」としたので、思い出深い改訂です。その後、研究成果を単著『偶発事象会計の国際的調和化―米国基準・IAS・日本基準の比較―』（同文舘、1998年）、単著『偶発事象会計論』（白桃書房、2000年）、編著『偶発事象会計の展開～引当金会計から非金融負債会計へ～』（創成社、2007年）としてまとめました。

それはさておき、改訂の責任者である著者による企業会計原則論の妙味に浸ってみてください。

山下勝治『企業会計原則の理論』

書名にもあるように、単なる「企業会計原則」の解説書ではなく、「理論」です。著者は、「企業会計原則」を株主、債権者、税務当局などの利害調整のための会計原則と考えます。そこでは、利益処分可能利益の算定が中心となり、取得原価主義、実現主義などの原則が主張されます。近年の投資家の意思決定有用性による包括利益や公正価値などの会計基準とは一線を画するものです。古い文献ですが、わが国の「企業会計原則」の背景にある理論を再考する機会を与えてくれます。

最後に、「企業会計原則」に係わる異質の書として次の文献をあげます。

沼田嘉穂『企業会計原則を裁く』

本書には増補版がありますが、著者の手元にあるのは本書です。著者は、次のように「企業会計原則」にまつわる状況を批判します。

私は後学の研究とくに反省の資料として「戦後日本会計学史」を書き残しておく必要を痛感した。戦後のわが国の会計学は企業会計原則なる幻妖によって一色に塗りつぶされ、振り回されてきた。このため、戦後の会計学史は事実上、企業会計原則の辿った道の分析・批判に帰着する。（中略）

企業会計原則は、多くの弊害をもたらしたことも認めざるを得ない。その主な点を指摘するとつぎのとおりである。

（1）それは良かれ悪しかれ公の税関を利用した学問統制である。学問の世界にまで官僚統制、官尊民卑の精神が入り込むことは由々しきことである。

（2）企業会計原則が公の書きものであることから、これを無批判に遵奉し、その解釈をもって能事終れりとする者が続出し、固有の会計学研究の目標と努力を失わせ、会計学者を堕落させた。もちろんこれは会計学者の側にも罪はある。しかし社会をそのような環境と雰囲気に追込んだことも事実である。

（3）企業会計審議会の委員はこの機関を自己の権威を保持する手段として利用し、ここに安住の地を求めるため審議会の継続を願って止まない。このためつぎつぎと仕事を捜し求め、その結果、本来の任務の範囲を逸脱し、余計なことに口をはさむ。この傾向はとくに最近顕著である。（「小序」）

以上のような沼田の批判には、異論もあると思われます。ただ、我々が会計学を研究する上で陥りがちな面も指摘されており、あながちまったく筋違いの批判だとはいい切れないかもしれません。

わが国でマルクス主義が全盛の頃（当時、資本主義国でマルクス主義の研究が盛んなのは日本が一番であると言われていました）、会計学の分野にもマルクス主義に基づいて会計学を研究する人々がいました。その学派を批判会計学派あるいはマルクス会計学派と言います。批判会計学の文献は、「20　簿記・会計文献のまとめ」に掲げています。

14　わが国における会計基準に係る文献

14－1　企業会計基準

企業会計基準委員会は、国際会計基準審議会（ＩＡＳＢ）および米国の財務会計基準審議会（ＦＡＳＢ）などの民間会計基準設定主体が会計基準を制定していることから、わが国においても、財団法人財務会計基準機構が２００１年8月7日に発足し、設立されました。企業会計基準委員会は、13人の委員により構成され、うち3人が常勤であり、残りは非常勤です。この他、委員の下には、専門研究員などが配置されています。企業会計基準委員会設立以前は、金融庁・企業会計審議会が「企業会計原則」を制定していましたが、現在では企業会計基準委員会がデュープロセス（正規の手続き）を経て、企業会計基準（会計処理および開示の基本となるルール）、企業会計基準適用指針（基準の解釈や基準を実務に適用するときの指針）、実務対応報告（基準がない分野についての当面の取扱いや、緊急性のある分野についての実務上の取扱いなど）の3つの会計基準などをこの名称を付した区分ごとに付番して公表しています。

会計基準などの公表までのデュープロセスは、論点整理→公開草案→会計基準です。第1に、専門委員会が論点整理（案）を起草したときは、これを委員会において審議し、委員現在数の5分の3以上の多数をもって議決します。議決された論点整理は速やかに公表し、一般からの意見を聴取します。第2に、専門委員会が公開草案（案）を起草したときは、委員会において上記と同様の手続きを経て公開草案を公表し、一般からの意見を聴取します。最後に、専門委員会が会計基準（案）などを起草したときは、委員会において上記と同様の手続きを経て、会計基準などを公表します。なお、委員会運営規則上では、会計基準などの開発に際して、論点整理、公開草案は必ず作成するものとはされていませんが、公開草案は原則として作成し、論点整理は必要に応じて作成されます。

企業会計基準委員会のホームページでは、公開草案および論点整理にアクセスすることができます。論点整理は、国際財務報告基準（ＩＦＲＳ）とのコンバージェンスを踏まえ、わが国の会計基準の制定に当たり、とくにＩＡＳＢの当該会計基準の動向についてまとめており、一読に値するものとなっています。

注意しなければならないのは、企業会計基準委員会のＨＰでは公開草案や論点の整理にアクセスできますが、会計基準そのものや公開草案に対するコメントレターは、会員しかアクセスできないことです。少々不満がありますが、財団運営の資金調達のためにやむをえない措置なのでしょう。

改訂あるいは新会計基準は、少し遅れますが前述の『企業会計』などの雑誌の付録に掲載されるのを待つしかないでしょう。また、前述（35～36頁）の会計規則集を利用することを薦めます。

２０１２年12月現在、企業会計基準は第26号まで制定されています。また、会計基準に対する具体的会計処理を示した適用指針が公表されています。

わが国の会計基準については、ＩＦＲＳとの相違点などを取り上げた著書が多く出版されています。

14－2　わが国における会計基準論の文献

津守常弘『会計基準形成の論理』

1976年、FASB討議資料の監訳者による著書である。本書は、緻密な論理で展開されており、なかなか一筋縄では読みこなすことはできません。著者の言葉を借りて、本書の意義を理解すると次のとおりです。

企業会計は、本来、個別企業の記録・計算・報告のシステムとして生み出されたものである。しかし、それは、株式会社制度の生成と発展にともない、単なる個別企業の記録・計算・報告のシステムであるにとどまらず、同時に、社会的統制のための一手段として、「ディスクロージャー制度」というきわめて広範な社会的制度の中に組み込まれるにいたった。このことは、企業会計が、個別企業に関する財務情報の生産と伝達の手段であると同時に、株式会社および証券市場を対象とした一種の社会的統制の手段であるという二重の性格を具えていることを意味している。その結果は、個別企業における会計選択に関わる「ミクロ会計政策」ないし「私的会計政策」(private accounting policy) が社会的統制に関わる「マクロ会計政策」ないし「公的会計政策」(public accounting policy）に規定されながら遂行され、個別企業の会計実務・会計政策がいわば「制度化された会計実務・会計政策」に転化したことである。しかも、近年、このような企業会計の構造に新たな変化が生じるにい至っている。

近年、企業会計は、会計基準の「国際的調和化」の段階から「国際的統一化」の段階へ、取得原価主義から時価主義へと急激に移行しつつある。この段階における企業会計の際立った特徴の一つは、国際的次元におけるマクロ会計政策（「国際会計基準」の設定における会計選択）が起点となって各国の国内的なマクロ会計政策（各国「会計基準」の設定における会計選択）の改編が求められ、さらに後者が個々の企業のミクロ会計政策の決定（個別企業の会計選択）に対して無視しえない影響を与えていることである。

会計政策決定に関わるこのようなプロセス、すなわち国際的な会計制度を起点として各国の国内的な会計制度が改編され、さらにすすんで、個別企業の会計実務が改変されるというプロセスは、いうまでもなく、先進国における会計実務・会計制度形成の本来的なプロセスとは全く逆のプロセスにほかならない。このことは、取得原価主義から時価主義へという、現時点における中心的な会計問題の意義と限界とを理解するにあたって重要な意味をもっているが、それればかりではなく、各国、とりわけわが国の法制度の構造と経済構造とに対する影響という意味においてもまことに深刻な意味を持っている。（中略）

本書の目的は、このような問題意識と視点に立脚して、「マクロ会計政策」的な観点から企業会計制度をとらえ直し、会計基準が形成される客観的な（対象的な）論理、すなわち「会計基準形成の論理」を析出し、「会計的認識・測定構造」の研究のための前提を得ることである。

ちなみに、著者が適用しようとしている方法は、後に本論で詳述するとおり、「秘密と公開との関係」を縦軸とし、「生産・流通と信用との関係」ないし「現実資本と擬制資本との関係」を横軸として、現代の会計制度・理論・実務を捉えようとする方法である。しかし、本書では、そのうち、とくに縦軸に焦点を定めた分析が試みられている。横軸に焦点を合わせた分析は、別著の課題である。（「序言」）

願わくば、「現実資本と擬制資本との関係」の「横軸に焦点を合わせた分析は、別著の課題である。」ことを実現していただければと期待するばかりです。

斎藤静樹編著『討議資料　財務会計の概念フレームワーク改訂版』

本書は、企業会計基準委員会が２００６年に公表した「討議資料　財務会計の概念フレームワーク」の解説書です。不思議なことに、２００６年に公表されていますが、いまだ討議資料のままです。ＦＡＳＢやＩＡＳＢとは異なるアプローチがみられますので、注意してください。

斎藤静樹『会計基準の研究　増補版』

著者は、本書出版の目的を次のように述べています。

企業会計を社会規範のシステムとみてその特性や変化の解明を試みる研究にとって、会計基準はいうまでもなく直接の研究対象である。他方、企業ないし企業集団ごとに観察される会計事象の研究では、直接的に観察しにくい実務を基準で代理させたり、個々の実務の位置関係をとらえる座標軸の役割を基準に期待したりすることがあるが、どのような基準にも時空を超えた普遍性があるわけでなく、実務との相互作用を通じて座標軸そのものが動く以上、いずれにしても会計基準の体系的な秩序とその変化の経路を分析し、将来の方向を展望することが研究の課題になるのは間違いない。本書はその課題を念頭において、現行の会計基準を支える概念の体系とその急速な変革を促す要因を、具体的なルールにまで立ち入って検討したものである。（「はしがき」）

会計基準を研究するうえで、「どのような基準にも時空を超えた普遍性があるわけでなく」

という視点は、常に忘れないようにしなければなりません。しかも、「会計基準の体系的な秩序とその変化の経路を分析し、将来の方向を展望することが研究の課題になる」のです。

安藤英義編著『会計フレームワークと会計基準』

編著者は、「はしがき」で次のように本書の内容について述べています。

本書は、日本会計研究学会特別委員会「会計フレームワークと会計基準」（1993－94年度、委員長　安藤英義）の研究の成果をまとめたものであり、次の3部から構成される。

第1部「会計フレームワークと会計基準」特別委員会（1993－94年度）報告
第2部「会計基準の経済的影響に関するアンケート調査結果」特別委員会（1993－94年度）
第3部　特別委員会の各委員による研究論文

第1部は、当特別委員会が1995年9月7日に、日本会計研究学会第54回大会（広島修道大学で開催）で発表した最終報告書を収録したものである。当特別委員会はその前の第53回大会（1994年6月2日、山梨学院大学）で中間報告を行っているが、この中間報告の内容は最終報告書に含まれている。

第2部は、当特別委員会が1995年7月に銀行を除く東京証券取引所第1部上場企業に対して行ったアンケート調査の結果である。このアンケート調査については、時間的な関係で上の最終報告書に収録できなかったので、雑誌『会計』149巻5号において、アンケートの質問事項とその集計結果の概要（グラフ表示）を公表した。本書に収録したのは、この集計結果の確定値（絶対値）とそれに基づく基礎的な分析結果である。

第3部は、当特別委員会の研究テーマをめぐって各委員が、各自の専門とするあるいは関心のあるところについて、新たに執筆した研究論文を収録したものである。


わが国の企業会計基準とIFRSを比較した文献は数多くあります。その一部は、後ほど取り上げています。参考にしてください。

15　わが国における会計学の発展に貢献した研究者に係る文献

ここでは、わが国の会計学の先駆的役割を果たした会計学者の歩み、エッセイ集などを取り上げます。その妙味を味わってみてください。

田中章義（編集代表）『インタビュー日本における会計学研究の発展』

本書は、主に1930年代以降の日本における会計理論の形成に重要な役割を演じてきた12名の会計学者のインタビューの記録です。12名は、青木茂男、井尻雄二、井上達男、黒澤清、小島男佐夫、阪本安一、近澤弘治、中村萬次、鍋島達、西野嘉一郎、馬場克三、松本雅男です。

神戸大学会計学研究室編『第六版会計学辞典』（同文館出版）や編集代表　安藤英義・新田忠誓・伊藤邦雄・廣本敏郎『会計学大辞典―第5版―』（中央経済社）において、国内外の会計学者の経歴・業績・学説などが収録されています。本書で取り上げた会計学者について、興味があれば調べてみてください。

太田哲三『近代会計側面誌―会計学の六十年―』

手元にある本書は、定価900円とありますが、おそらく神田の古書店で購入したと記憶します。鉛筆で700と記してあるので、700円で購入したのでしょう。良い買い物をしたようです。著者は、わが国会計学の黎明期に活躍した会計学者であり、わが国の会計制度や会計実務の発展に大きな貢献をしています。
著者は、本書出版の経緯を次のように述べます。

昭和二十四、三年の頃「わが半生記」として雑誌「企業会計」に自叙伝風に会計学界の変遷を連載したことがある。それを纏めて、昭和三十年「会計学の四十年」と改題して上梓した。本書はその後の事情を追加し、また旧著に若干の修正を行って再度出版することとしたものである。筆者の過去を顧みれば、絶えず「会計」と偕に在り、幸にして前述した公式の会議や官庁の会計制度改善等に当り学者として常に参加して、実情に触れて来たのである。それで自叙伝は自然にわが国会計学の発展経路を叙述することとなった。それで本書名を「近代会計側面誌」と僭称したのである。記憶の誤もあろうし、また当初から勘違いしていたこともあろう。また多く伝説的な物語も含んでいる。したがってこれを正しい歴史として誇示する意志はなく、むしろ側面観、または楽屋咄しとして記述したものに過ぎない。けれども事実を平面的に羅列する正史よりも、この方が遙かに真相を伝えているものではなかろうかと思う。正史は別個に更に正確な資料に基いて編纂さるべきであり、それは学界として期待すべきである。しかしその仕事は筆者の任ではない。(「はじめに」)

また、後世代の会計学の研究者に対して、次のような警告を発しておられ、その意図するところをよく噛みしめる必要があるのかもしれません。

半世紀を超ゆる年代に亘って学界を通観すれば、考えさせられることが多い。明治から大正にかけて英国の古典会計学が中心であった。昭和時代に独逸の簿記原理や貸借対照表論が輸入され学界を風靡した。今や米国一辺倒である。米国会計学の動向に対し、学者はその移入に一刻を争っている。わが国の会計学の水準は必ずしも低いものではなく、実践も著しく遅れているのではない。電算機の利用度も世界第何位かを誇っている。ただ海外文化の受入れに急であり、それを消化しわが国独自のものとするまでにはなお数十年を待たなければならないであろう。(「はじめに」)

本書は、第2次世界大戦前および戦後のわが国の会計学界の状況や人物評が書かれており、わが国の会計学の黎明期を知るうえで貴重な証言となっています。図書館で検索のうえぜひ一読してください。

太田哲三には、多くの著書がありますが、次に掲げる新井益太郎『私の知る会計学者群像』(中央経済社、1995年)によれば、「先生の会計学に関する著作の最初は大正元年の『会計学綱要』(巌松堂刊)である。これは主として英米の当時の会計学者であるハットフィールド、ピックスレー、ディクシーなどの著書を参考として書かれたものである。その後、『商業簿記』(昭三、高陽書院)、『貸借対照表学講話』(昭六、巌松堂)、『理論会計研究』(昭六、森山書店）などを経て、『会計学原理』（昭四四、同文館）、『近代会計側面誌』（昭四三、中央経済社）に至るまで四十冊を超えている。」（10頁）そうです。

少々古いのですが、筆者が最近、佐賀大学附属図書館から借り出して読んだものに次の著書があります。

太田哲三『改訂増補會計學概論』

本書の初版は1932年、1935年に改訂増補が出版され、手元にあるのが修正24版で1937年です。当時は、会計学書が少なかったからでしょうか、それとも名著の誉れが高かったのでしょうか、よく売れたことがうかがい知れます。

われわれが現在読むことができる会計学一般書は、長年培われてきた研究の成果をまとめたものが多く、その成果を通説にしたがって要領よくまとめてあります。それはそれで良いのですが、その成果に至るプロセスはわかりません。本書など古い文献は、当時の研究成果をまとめてあり、通説に至るプロセスがよく理解できます。例えば、会計学と簿記学の相違とか暖簾（のれん）の発生原因およびその償却など、当時の欧米の文献から諸説が紹介されています。近年、「のれん」は、その計算（買入のれんとか全部のれん）および規則償却または減損処理など争点となっていますが、よほど専門的に研究しないと、そこに至るプロセスの説明はわかりません。しかし、本書を読むとそのプロセスがよく理解できます。ただ、古い文献なので図書館にあるかないかが問題です。

なお、太田の処女作は、前述の新井（益）が言うように『会計學綱要』（巌松堂、1924年）です。その出版の経緯は、前記『近代会計側面誌』「処女作」（12頁から14頁）に詳しく書いてあります。それによれば、「戦争が始まって独逸文献は手に入らない。それでなくても簿記会計学は英米が祖国であると当時信じられていた。下野直太郎先生も鹿野清次郎先生も共に英米で学問された人々である。そこで米国のハットフィールドやピックスレー、ディクシーなど、三、四の書物を参考として書き上げたのが『会計學綱要』という小冊子であった。」（13頁）ようです。『会計學綱要』は、他大学から「図書借用申込書」により借用して読んでみました。新書版サイズで、カタカナ表記になっています。学生には読みづらいかもしれません。もちろん、戦後生まれの筆者にもやっぱり読みづらいのです。

それはともかく、太田によれば米国や英国の会計書を参考に書いた『会計學綱要』は不十分で、その後ドイツ会計学書の研究成果を加味して改訂すべく出版したのが『會計學概論』です。これについて、「『会計學綱要』が雑駁なよせ集めであったのを体系づける必要もあった。また若干仕込んで居た独逸学者の見解ももり込みたかった。その本は高陽書房で出すことにして、『綱要』の方は書肆に無理に頼んで絶版にしてもらった。」（111頁）との太田の記述があります。

新井益太郎『私の知る会計学者群像』

個人的に著者には苦々しい思い出があります。1974年の税理士試験で簿記論を受験したのですが、試験委員の1人が著者の新井益太郎でした。大学を卒業して半年後に受験をしたので準備も十分ではありませんでしたが、「小売棚卸法」が出題され面喰ったのです。売価還元法ならば、ピンときたかもしれませんが、簿記論の試験で「小売棚卸法」とは想像もつきませんでした。後で調べてみると、著者は税務会計が専門であることがわかり納得した次第です。しかし、次年の受験ではリベンジを果たしました。それはともかく、本書には、多くの会計学者が出てきます。

本書に最初に登場する私の恩師の太田哲三先生を始め、何人かの先生方や実業界の人々の多くは、本書をご覧いただく読者の方は殆どご存じないかもしれない。しかし、これらの方々は当時は会計学・会計実務の発展に華々しく活躍した人であった。

わが国の会計学は、明治の初めに作られた福沢諭吉の『帳合の法』、アラン・シャンドの『銀行簿記精法』を起点として、商法講習所から発展した一橋大学が大きな流れを形成した。やがて、その流れが神戸大学、早稲田大学、中央大学などの各大学に波及して、経済学部・商学部・経営学部などを擁する大学の主要科目として会計学関連の講座が設置され、今日に至った。広い意味での会計学が、わが国経済の発展に尽くした功績は誰も否定できない。（「はじめに」）

さらに、この世代の会計学者らしく、「企業会計原則」に対する深い思い入れを感じます。それは、会計の勉強と言えば、「企業会計原則」を真っ先に思い浮かべる筆者にもいえることです。

昭和二十四年七月に公表された『企業会計原則』は会計学の研究に足を踏み入れた私にとっては巨大な金字塔であった。私だけでなく殆どすべての会計学者にとって信奉すべき教典であり、商法・税法にも大きな影響を与えた。しかし、今はその存在さえも危ぶまれていることを何よりも悲しく思う。再見不滅の文献として存在し活用されつづけることを期待したい。（「はじめに」）

ＩＦＲＳの導入により、期待もむなしく、「企業会計原則」は今や死に体となりつつありますが、その取得原価主義および実現基準に拠る会計の体系が２０１２年2月の「中小企業の会計に関する要領」により脚光を浴びています。

ところで、前掲太田や新井（益）の著書で取り上げられている稀代の会計学者、岩田巖の必見の著書を次に取り上げます。

岩田巖『利潤計算原理』

筆者の所蔵する本書は、1978年の14版で院生のときに購入したものです。現在でも同文館（出版）で刷られています。まさに名著と言うにふさわしい著書です。現在、5000円くらいでしょうか。本書は岩田の遺稿をまとめたもので、太田哲三の「序」、飯野利夫の「あとがき」があります。本書の利潤計算の二元的構造についての研究は、一読に値します。

新井清光編『会計基準側面誌』

本書は、編者の還暦に際して、座談会により編者の会計学の研究を振り返り、かつ企業会計審議会や法制審議会商法部会の活動を通じた企業会計制度への貢献などを辿ったものです。本書の意義は、「編者まえがき」において次のような当を得た記述がみられます。

会計側面史といえば、太田哲三先生が、かつて「近代会計側面誌」（昭和四十三年、中央経済社刊）を公刊なさいましたが、先生のこの本の内容は、昭和四十一年頃までで終っております。これに対して、本書の内容（第二部以下）は、逆に昭和四十年から始まっています。大先輩の太田先生のご本と結びつけるのは大変僭越ですが、わが国の会計諸規範の形成の一側面史として、あるつながりを見出していただけるのではないかと思います。

本書は対談方式を採っており、企業会計審議会やその他の委員会などに参画した学者や実務家および大蔵省の事務官の方々が対談に参加あるいはコーディネートされており、審議の状況などが生々しく語られ、太田『近代会計側面誌』とは違った雰囲気を醸し出しています。それはともかく、新井（清）がワッジワースの *Apple Tree* を翻訳し、また対談者の中に大学の英語の講義で *Apple Tree* がテキストだったという話には親近感を覚えました。何を隠そう筆者も、年代は違いますが、英語の講義で *Apple Tree* を読んだのです。もっとも内容は覚えていません。

アメリカで長い間ＦＡＳＢの会長をやったカークという人が、会計基準というものはコンセプト（理論）だけではだめで、利害関係者間のコンプロマイズ（妥協）とコンセンサス（合意）も必要であり、さらにその基準を作った場合に、それが会社や社会一般に対してどんな影響というか結果をもたらすのかというコンセクエンス（影響・結果）も考え合わせて作らなければならないという４Ｃ説をいっていますが、そういったところに会計基準づくりの難しさがあるわけで、そのことをいつも痛感しています。それからもう一つは、先ほどのことと関係するんですが、会計規範というものは決して会計理論そのものではないということをわれわれはわきまえるべきではないかということです。つまり、コンセプトだけで作られているものではないし、また、作りうるものではないからです。ですから、例えば、できあがった会計規範についてコンセプトの面だけからとりあげて、うんぬん批判するのはどうかと思うわけです。もちろん、コンセプトの観点からであるということをはっきりさせて、そのうえで議論を展開することは大いに必要だと思いますが、そこのところの仕切りというか、区別がどうも意識されていないというか、十分認識されていないのではないかと、時々思うことかあります。（227頁）

昨今のIFRSをめぐる議論において、新井（清）の発言は多くの示唆を与えます。さらに、次の学者の心構えには、恐縮の至りです。

やっぱり曲がりなりにも学者として、研究者として生まれた以上はゼニ金の問題じゃない。一つの天職として、世のために少しでもなるんなら、一生懸命それに励むことが生きがいであり、それでもう満足だという、それが言ってみれば人生観ですね。（244頁）

16　わが国における国際会計研究に係る文献

16－1　国際会計研究の黎明期の文献

わが国では、1990年代からの会計ビッグバンにより国際会計基準の導入が進み、最近ではIFRSとのコンバージェンスだのアドプションだのと新聞や雑誌などを賑わしています。騒動のタネであるIFRSについては、IASBが毎年改訂版を1月に、遅れて財団法人企業会計基準機構がその翻訳書を中央経済社より出版しています。ここでは、わが国の国際会計基準にまつわる文献をいくつか取り上げてみます。

中地宏『世界の会計思潮―国際会計会議80年の流れ―』

本書は、1904年のセントルイスの第1回大会から1982年の第12回メキシコ会議、1962年バーナムで開催された第1回国際会計教育会議から1982年モンテレィ会議について、時系列的に解説がなされています。1976年の国際会計基準委員会（IASC）の設立に至る国際的な動向を知るうえで貴重な文献です。IASCの成立とその活動、さらにIASBへの改組、現在に至るまでの活動は、Kees Camfferman and Stephen A. Zeff,

Financial Reporting and Global Capital Markets: A History of the International Accounting Standards Committee, 1973-2000, Oxford University Press, 2007に詳細に記述されています。

なお、本書の巻末に「年表　会計監査制度」（１８５３年～１９８４年）が世界と日本を対比して掲げられています。この間の会計監査制度の展開が一目瞭然です。

新井清光『国際会計研究』

著者によれば、「本書は、米英を中心とする――国際会計の研究に関する文献資料を収録し、必要な解説を加えたものである」（「まえがき」）ということです。当時、ＩＡＳＣが設立されて約６年であり、現在のようにその後身であるＩＡＳＢのように強力な指導力はありませんでした。さまざまな国の意見を聴きながら、会計基準の調和を図ろうとしていました。そういう状況ですので、本書では、ＩＡＳＣのみならず、米国や英国などの会計基準化の動向を豊富な文献資料のもとに展開しています。

白鳥栄一『国際会計基準―なぜ日本の企業会計はダメなのか―』

著者は、１９９３年１月から１９９５年６月までＩＡＳＣの議長を務めました。当時、時

図表4　国際会計基準と日本の会計基準の比較

国際会計基準	日本の会計基準
投資家保護が目的	債権者保護，投資家保護，税収確保の混合目的
ストック重視（B/S アプローチ）	フロー重視（損益法）
B/S 重視	P/L 重視
損益は，資産，負債の増減によって定まる株主持分（資本）の増減	損益は，費用収益対応の原則による収益と費用の差
資産計上されるのは回収可能性のある資産に限られる。他は費用化される。	費用収益に対応しないものを当期の B/S に繰延計上される。
純利益を重視	経常利益を重視する当期業績主義
実現主義の概念が広い 1. 収益獲得の確実性が大であり 2. 合理的な測定が可能である場合	実現主義の概念が狭い 1. 財・役務を引き渡すことによって 2. 貨幣性資産を受領した時

（出所）白鳥栄一『国際会計基準―なぜ日本の企業会計はダメなのか―』日経BP社，1998年，19頁。

価会計などがＩＡＳＣで議題としてあがりますが、先進国では日本代表はこれに反対票を投じ、著者はこれに対して再考を促したが、翻さなかったということがあったそうです。著者は、先進国で日本だけが時価会計など国際会計基準（ＩＡＳ）に同調しない態度を批判しています。白鳥は、ＩＡＳＣの議長任期満了後、中央大学教授となりますが、急逝します。本書は著者の遺稿であり、川北博（元日本公認会計士協会会長）の「序文」があります。本書に、図表4のような国際会計基準と日本の会計基準が掲げられています。

図表4は、時価主義を柱とする国際会計基準とわが国の「企業会計原則」に基づく取得原価主義、実現主義に基づく費用収益対応の概念による期間損益計算を柱とする

会計基準の状況を示しています。白鳥の急逝の後、わが国は会計ビッグバンにより時価会計、退職給付会計およびキャッシュフロー計算書などの国際会計基準の導入を行います。その意味で、本書はわが国の会計基準の国際化を示唆する先駆的な文献と言えます。

新井清光編著『会計基準の設定主体―各国・国際機関の現状―』

本書を久しぶりに開いてみると、O先生からの献本の自筆の手紙がはさんでありました。手紙の文面は学会への勧誘と研究への励ましで、執筆分担をしているので本書を送りますと結んであります。編者によると、本書の意義は次のとおりです。

本書は、世界の主要国および主要な国際機関において、会計基準（または会計法令を含む会計規範）が、どのような組織（設定主体）によってどのように作られているか（設定プロセス）について、その現状を調査研究したものである。その対象としては、まずアングロ・サクソン系の国々のなかから、アメリカ、イギリス、オーストラリア、ニュージーランドおよびカナダを選び、ついで、フランコ・ジャーマン系の国からフランスおよびドイツを、さらに、アジアの国々のなかから韓国および台湾を選び、そして最後に、我が国をとりあげた。他方、会計基準の国際的調和をめざし、またはその国際的問題の検討を行っている主な国際機関・団体として、ＩＡＳＣ（国際会計基準委員会）、ＩＯＳＣＯ（証券監督国際機構）、ＵＮ（国際連合）、およびＯＥＣＤ（経済協力開発機構）をとりあげた。（「序文」）

David Alexander and Christopher Nobes, *A European Introduction to Financial Accounting*, Prentice Hall, 1994.（小津稚加子・山口桂子共訳『欧州財務会計』）

手元にある原著書は、出版されると同時に手に入れて読み、所々に付箋が付されています。欧州共同体と国際会計基準委員会（ＩＡＳＣ）の会計ルールを研究対象として書かれています。英語もそれほど難解ではありませんが、小津・山口共訳『欧州財務会計』が出版され、ますます読みやすくなりました。国際会計論の講義の資料として、図表5を利用しました。

ＩＡＳＢとの会計基準のコンバージェンスあるいはアドプションの進む中、上の表のような区分けは必ずしも妥当しないかもしれません。なお、小津には、Lee H. Radebaugh, Sidney J. Gray and Ervin I. Black., *International Accounting and Multinational Enterprises*, John Wiley & Sons Inc., 2006. の監訳書『多国籍企業の会計』（中央経済社、２００７年）があります。

図表5　アングロアメリカン会計システムとフランコジャーマン会計システムの比較

	アングロアメリカン会計システム	フランコジャーマン会計システム
背　　景	コモン・ロー	ローマ法
一般的な会計の諸要素	公正	法律
	株主への適応	債権者への適応
	開示	秘密
	税のルールと区別	税の支配
	形式より実質	実質より形式
	専門家による基準	政府のルール
具体的な会計の諸要素	耐用年数にわたる減価償却	税のルールによる減価償却
	法定準備金なし	法定準備金
	秘密積立金の禁止	秘密積立金
	引当金は税により帰納される	引当金は税により帰納される
国々の例	英国，アイルランド，米国，カナダ，オランダ	フランス，ドイツ，スペイン，イタリア，日本

（出所）David Alexander and Christopher Nobes, *A European Introduction to Financial Accounting*, Prentice Hall, 1994, p.83 を一部修正して作成。

徳賀芳弘『国際会計』

著者は、本書の目的として、次の4点をあげます。第1の目的は、国際会計研究において、会計の国際的調和化の議論において使われている諸概念を明確にすることです。第2の目的は、各国の会計の何がどのように相違しているかを明らかにし、その程度を把握することです。第3の目的は、どのような会計環境要因が各国の相違の何を説明し、どの程度説明力を有しているのかを考察することです。第4の目的は、会計基準の国際的調和化の本質的要素を明らかにし、問題点を整理しなおすことです。国際的調和化の議論は、会計データの「比較可能性」の上昇に目的を特化して行われています。会計データの国際的な比較可能性を高めるためには、弾力性の除去がなされた国際的基準の共有を進めることが必要なのです。なお、本書においては、定性分析の結果を検証するために一部定量的分析が行われています。

本書の出版された時期は、会計の国際的調和化から会計の国際的統一化への過渡期です。2001年にIASCからIASBに改組されて以降、調和化が統一化へより強化され現在に至っています。本書は、その時期の文献として注目するに値するのではないでしょうか。

16－2　国際会計基準の導入期の文献

IFRSとのアドプションやコンバージェンスが議論の的となっている現在、わが国の国際会計の文献は、IFRSの解説書とIFRSと日本の会計基準の比較検討書に大きく分類されます。後者については優れた著書が数多く出版されていますが、ここではいくつかを紹介することにします。

> 桜井久勝編著『テキスト国際会計基準［第5版］』

IFRSの解説書としては、もっともコンパクトにまとめられていると思います。IAS

およびＩＦＲＳを第１号から順に解説し、各基準の解説の後に問題を付すとともに、わが国の会計基準との相違点についても触れています。本書によりＩＡＳおよびＩＦＲＳの全体像を掴むことができます。

秋葉賢一『エッセンシャルＩＦＲＳ〔第２版〕』

テキストとしては、本書もふさわしいでしょう。とくに、概念フレームワークについては、２０１０年の改訂版、わが国の討議資料「財務会計の概念フレームワーク」を取り上げ、詳細に説明されています。著者の説明を借りて本書を紹介すると、次のとおりです。

テキストとして、ＩＦＲＳの基本的な考え方を含めて記述しているものは、なかなか見当たりません。多少はＩＦＲＳの考え方が記載されている本でも、正確でなかったり根拠が不明であったりする場合がしばしば見られます。――本書では、単にＩＦＲＳを抄訳したものではなく、基本的な考え方も記述することに重点を置きました。（「はじめに」初版）

なお、改訂にあたっては、「その後のＩＦＲＳの動向（２０１１年12月時点まで）を反映するとともに、第Ⅱ部の各論においては、『エクササイズ』として簡単な章末問題を設け」

てあります。

古賀智敏・鈴木一水・國部克彦・あずさ監査法人編著『国際会計基準と日本の会計実務 三訂補訂版』

ＩＦＲＳとわが国の会計基準を比較検討した著書は、入門書から専門書まで数多く出版されています。その中には、非常に参考になるものも少なくありません。ここで、本書を取り上げた理由は、ＩＦＲＳとわが国の会計基準比較分析だけでなく、仕訳・計算例を配し、決算処理まで実務を配慮し解説しているからです。大学の研究者と監査法人の実務家のコラボレーションが特徴です。

ところで、『週刊エコノミスト』（２００９年11月3日号）によれば、ＩＦＲＳ導入についてわが国には積極派、慎重派および反対派があるとのことです。積極派は、日本経団連、東京証券取引所および日本公認会計士協会（ＪＩＣＰＡ）などで、ＩＡＳＢや米国に追随せず一気に導入すべきであると主張します。慎重派は、日本商工会議所等一部経済団体および経済産業省などでＩＡＳＢの改訂作業や米国の状況を見極めてから判断すればよいと主張します。反対派は会計学者に多いそうです。もっとも、会計学者の中には積極派も慎重派もいます。

ＩＦＲＳ導入を巡る日本の対応の内幕については、次の本に詳しく述べられています。

磯山友幸『国際会計基準戦争【完結版】』

著者は、新聞記者です。豊富な取材により、実名でＩＦＲＳ導入を巡る日本の対応が生々しく描かれています。企業会計基準委員会の委員長をめぐる内幕話には、少々驚かされます。

さて、ＩＦＲＳ導入反対派の本を2冊紹介しましょう。

岩井克人・佐藤孝弘『ＩＦＲＳに異議あり──国際基準の品質を問う』

本書は、日経プレミアムシリーズ（新書）の1冊です。岩井克人？　この人、『会社とはなにか』で一世を風靡した人では──と言うあなたは、読書家ですね。岩井には、『ヴェニスの商人の資本論』という著書もあります。彼がなぜ国際会計をと疑問に思われるあなた、当然至極です。岩井は、東京大学退職後、東京財団上席研究員になっています。同じく研究員の佐藤は、「あとがき」で「本書は、東京財団の政策研究『会社の本質と資本主義の実質研究』プロジェクトの一環として出版するものです。本書が契機となり、ＩＦＲＳの問題が会計の専門家だけの閉じた問題ではなく、国民に開かれた議論へ広がることを期待しております。東京財団も中立・独立の政策シンクタンクとして引き続き知恵を絞ってまいります」と述べています。本書のカバーには、次のような内容の説明があります。

自明のことのように語られているIFRS（国際財務報告基準）導入。しかしIFRSは理論的に大きな欠陥を抱えているだけではなく、導入企業に莫大なコストを課すこととなる。日本企業の命運を左右するIFRS導入の是非を問い、戦略的対応を提言する問題の書。

田中弘『国際会計基準はどこへ行くのか』

著者は、IFRSの導入を次のように厳しく批判します。

「物づくり」で稼げなくなった英米がIFRSという「平和的武器」と金融工学という「マジック」を使って世界の富を（自分たちは汗を流さず）手に入れようとしている。それが時価会計であり包括利益だけの表示の主張の真相です。また原則主義は「自由度の高さ」にあります。経理の自由度が高まれば、グレーな財務報告が行われる可能性が高くなるのです。さらに、IFRSは連結財務諸表に適用されます。わが国では「連結先行論」といって、IFRSを連結財務諸表に強制適用する環境を整備し、それから個別財務諸表IFRSを強制適用しようとしています。個別財務諸表は、会社法や法人税法などの国内法に基づいて作成されるのにです。これは、マグロの刺身にオイスターをかけて食べるようなミスマッチです。田中には、この他、時価主義を批判した著書などが多数あります。

最近、大企業向けのＩＦＲＳ（完全版ＩＦＲＳ）とは別に、中小企業版ＩＦＲＳ（IFRS for Small and Medium-Entities）が公表されています。原文は、IASB, *International Financial Reporting Standards for Small and Medium-sized Entities*, 2009（September）です。ＩＡＳＢのホームページで入手することができます。また、次の著書が出版されています。

Bruce Mackenzie, *et al., Applying IFRS for SMEs.*（川崎照行監訳『シンプルＩＦＲＳ』）

中小企業版ＩＦＲＳは、完全版ＩＦＲＳを簡素化したもので、中小企業版ＩＦＲＳを会計基準ごとに図を用いて解説をしています。わが国の中小企業会計基準などと比較してみると興味深いでしょう。

17　公正価値（時価）会計に係る文献

17－1　取得原価主義会計の擁護の文献

取得原価主義者としては、リトルトンやわが国の傑出した会計学者井尻雄二が有名ですが、会計学界を時価主義の大波が襲う中、取得原価主義の防波堤とならんとした比較的新しいわが国の文献として、次の文献をあげておきます。

Yuji Ijiri, *Theory of Accounting Measurement*, 1975.（井尻雄二『会計測定の理論』）

著者によれば、「本書は、アメリカ会計学会（American Accounting Association）から1975年3月に出版された拙著 *Theory of Accounting Measurement*（Studies in Accounting Research No.10）をもとにして、多少の修正を加えつつ書き改めた日本語版である。」ということです。また、「会計の本質が会計責任（Accountability）に由来するものであるという考え方にもとづいて書かれている」のです。

井尻雄二は、同志社大学の出身で、米国に渡り、米国会計学会（AAA）の会長を務めました。井尻は、リトルトンと同じく、取得原価主義者で時価主義に対して批判を行っています。著者の基本的な文献として、この他、『会計測定の基礎』（東洋経済新報社、1968年）があります。井尻は、序文において「会計がこれまでつくり上げられてきた基礎を注意深く研究することが必要である。というのは、従来の会計に対する無数の不平不満にまごついてしまって、目先のつじつま合わせるために会計理論や実務にあちこちを修正していては、会計はまったくつぎはぎだらけのものになってしまうからである。」と述べています。簿記について、『三式簿記の研究』中央経済社、1984年という著書があり、複式ではなく三式で簿記を捉えるという独自の理論を主張しています。

藤井秀樹『現代企業会計論―会計観の転換と取得原価主義会計の可能性―』

収益費用観から資産負債観へ利益観が転換し、測定規準が取得原価主義から時価主義へと傾く中、取得原価主義会計の可能性について検証しています。著者は、「まえがき」において、次のように述べています。

新しい会計問題が山積するなかで、伝統的会計の枠組みをなす取得原価主義会計は、現在、大きな転換点に立たされている。しかし、取得原価主義会計の「欠点」のみを言いたて、当該会計の「見直し」の必要性を声高に主張するだけでは、会計学研究者としての責任ある議論はなしえないであろう。会計学研究者としての責任ある議論をおこなうためには、問題の原点に立ち返り、会計とはそもそも何であり、何でありうるかを、社会科学の標準的な方法に準拠しつつ、冷静に問うことから始める必要があるように思われる。

本書は、以上のような現状認識と問題意識にもとづき、取得原価主義会計の現状を、とくにその測定構造に焦点をあてながら、純粋理論的に記述したものである。その作業にあたっては、会計を1つのまとまったシステムと捉えたうえで、その全体的な構造を記述し、当該構造の基底に流れているものを析出しようと試みた。本書での作業が、こんにちの会計問題の本質と取得原価主義会計の可能性を考えるうえで、いささかでも役立てば幸いである。

少し場違いの観もありますが、筆者が大学院時代に図書館で読んだ印象深い文献として、山桝忠恕『近代会計理論』（国元書房、1963年）をあげておきます。1960年当時の会計学の現状を把握するうえで参考になると思います。

17－2　インフレーション会計の文献

ケインズ経済学に基づく経済政策の採用によりインフレーションが進行すると、取得原価による評価が問題となります。そこで、米国において購買力による評価替えなどの見解が唱えられます。

Henry W. Sweeney, *Stabilized Accounting*, Harper & Brothers, 1936. (Renewed 1964)

本書は、インフレーションによる貨幣価値の下落をどのように財務諸表に表すかを論じた文献で、大学院生の時に修士論文のテーマを「インフレ会計」にしようと思い、指導教授の故中村謙より借用し、コピーし製本したものが手元にあります。手元にあるのは、１９６４年の再版です。もっとも、「インフレ会計」を修士論文のテーマとするのは無謀だと気づき、テーマは変えました。１９７０年代、米国のベトナム戦争によるドルの垂れ流しやケインズ経済政策によりインフレーションが進み、取得原価会計が揺らいでいた時期でした（最近の時価会計とは状況が少し違うのですが）。そういう意味で印象深い文献ですが、所々鉛筆で線が引いてあり、指導教授の勉強ぶりが忍ばれ、自分自身勉強への励みとなりました。インフレ会計に関しては、片野一郎『貨幣価値変動会計第二版』同文館、１９７４年があります。初版は１９６２年で、１０００頁を超える大著です。

Changing Concepts of Business Income—Report of Study Group on Business Income, Macmillan, 1952.（渡辺進・上村久雄共訳『企業所得の研究—変貌する企業所得概念—』）

本書は、ＡＩＣＰＡに設けられた「企業所得に関する研究グループ」（Study Group on Business Income）の報告書です。手元に原書と訳書のコピーがあります。大学の図書館で探してみてください。訳者によれば、その内容は次のとおりです。

本書は所得の諸概念を考察し、会計諸原理の発展を歴史的に観察し経済事情の変動に基づき発生した新しい会計上の諸問題を取扱っている。しかし本書の最も大なる貢献は貨幣価値が大いに変動している時期において従来の会計的所得測定の方法が露呈するに至った欠陥に、注意を集中した点であるであろう。ここで結論として示された会計方法に関する改善案については人によって異論もあるであろうが、貨幣価値の変動が比較的軽微なアメリカにおいてすら、「貨幣価値安定の公準」に向って再吟味が行われていることを我々は見逃してはならない。実は貨幣価値の変動こそは所得測定の方法が再検討される機縁となったものである。（「訳者序」）

Greoffrey Whittington, *Inflation Accounting: An Introduction to the Debate*, Cambrige University Press, 1983.（辻山栄子訳『会計測定の基礎　インフレーションアカウンティング』）

原書は、数年前にInflation Accountingなんて懐かしいなと思い、つい購入したものです。Debateにも興味を惹かれました。その後忘れ去られ研究室の本棚にホコリをかぶっているところ、辻山による訳書があるということを発見（？）し、英文を読まないで良いと思うと、俄然興味が再び湧いてきたという次第です。

17－3　時価主義会計の文献

時価会計は、取得原価主義会計が会計学界を風靡している中、なかったわけではありません。いくつか文献をあげてみます。

不破貞春『新訂会計理論の基礎』

本書の初版は１９６１年、新訂が１９６４年、手元にある新訂15版が１９７５年に出版されています。このことは、本書がいかに多くの人に読まれたかを物語るものでしょう。著者は、初版の「序」で次のように述べています。なお、新訂の「序」において著者の基本的な考えに変更がないことを強調していることを申し添えておきます。

近年の会計論のうちには、たんに簿記的な知識の延長、発展としかみられないようないわば会計の形式的論議の域にとどまっていたり、あるいは、会計の対外的報告、それの監査等を重視するあまり、会計の根源的な意味、本質の検討をおろそかにし、そのために理論の方向をあやまり、まちがった会計構造論にたちいたっているような論議もすくなくないようにおもわれてならないが、わたくしは、会計論は、あくまで企業経済の現実に即する実質的論議として展開されなければならず、いきなり会計報告等の形象的な問題の吟味に入り、それらの問題の取扱を主とするのではなく、まず企業の本質のうちにふくまれる会計本質の探求をおこない、いわば会計原論ともいうべきものの研究から入っていかなければならないものと考えている。このような意味において、わたくしは、かねてから、会計理論の基礎に関する考察を体系的に叙述することを心がけており、乏しいながら、いままでの成果をまとめて、ここに本書を世に送ることとする。しかして、企業そのものが各種の消費経済の単位と区別されるもっとも根源的な意味、本質は、生産過程にともなう価値の費消すなわち費用を生産結果としての収得価値すなわち収益によって補償し、いわば費用自己補償をおこなうことによって自からを維持していくところにあるとおもうが、わたくしは、このような企業そのものの本質のうちに企業会計の本質がすでにふくまれているのであるとみており、企業会計は、費用補償による企業維持計算、費用補償を超えて得られるものを利益とする損益計算でなければならないと考えている。しかもなお、財政的基礎における固定化という蔽いえない特質をもつにいたっているいわば近代的段階にある企業の現実に即してみるかぎり、会計―損益計算は、貨幣資本回収計算のごときであってはならず、実体維持計算でなければならないとおもっている。

著者である不破の実体維持計算の主張の背景にドイツ会計学研究成果があります。また、米国の１９５７年版ＡＡＡ会計原則は、不破の主張を裏付けるものとしています。米国の会計学についても時価会計の観点からの研究がなされ、その成果が本書に収録されています。

不破貞春『時価評価論』

本書については、松本穣と森川八洲男による「序文」に次のように記されている。

本書は、故不破貞春先生がご生前、とくに主著『新訂会計理論の基礎』（１９６４年）

の刊行以後に書かれた時価評価に関する諸論稿―その中には、雑誌等にすでに発表されたもののほか、未発表のものをも含む―を整理して公刊したものである。

周知のように、不破貞春先生は、文字通り、時価主義会計の代表的論者として学界をリードしてこられた。先生はとくに1961年に刊行された『会計理論の基礎』（中央経済社）、およびそれを改訂増補した前掲の『新訂会計理論の基礎』（同）において、長年にわたる思索の結晶として、費用自己補償体としての企業本質観に立脚し、費用の取替時価評価を中核とした企業維持計算原理を提唱された。先生によると、この所説こそまさしく動態会計の典型であると考えられたのである。こうして先生の説かれた企業維持目的のための時価主義会計論は、「原価主義会計論一辺倒」の当時の学界において、「不破会計学」と呼ばれるにふさわしい独自の、そして透徹した理論体系をもつものであり、これをもって不破理論の基本的枠組が形成されたのである。

その後における先生のご研究の重点は、主に、このような企業維持計算の基礎原理を今日の動態経済のもとで有効に適用するために、その一層の精緻化を図ることにおかれた。とくに企業維持計算上、技術変化や需要変化のような変動要因をどのように考慮に入れるか、および貨幣的項目にかかわる損益をどのように取扱うか、という二つの問題が先生の最大の関心事であった。いずれもきわめて難解な問題であり、その解明のために先生も随分ご苦心された様子で、厳しい思索の日々がつづいたが、そのような思索の過程が本書の一つの主題をなしているのである。

木村重義編著『時価主義会計論』

編著者は、本書出版の意義を次のように述べています。

時価主義会計は現代の実務についての理論を表現する言葉であるが、時価主義会計はそれに替わるべき一つの提案的理論として述べられるものである。それは、特にわが国では、まだ実務としての存在に至らない。もっとも、将来かならず実務としての存在に達するという予想を筆者はする者でもない。ただ、それは営利経営の状況の報告会計の原理として原価主義会計原理よりも勝れていることを、筆者を含めて主張する論者はこのごろ少なくない。一般的にいうよりもインフレ会計方法論として、それはむしろ主流を占めつつある。もっとも筆者は、このばあい、それにインフレ会計方法論としての意味だけを認めるのでなく、インフレ状況の有無を問わず、活きている経済状況において諸種の財の価格変動があるところ、それを取上げて会計に表示しなければ、経営活動の静態および動態はまったく不充分にしか扱われないと考えるのである。

時価主義会計は、本文においても説明するように再調達原価会計とか現在原価会計とか呼ばれるが、本書標題のこの呼称がいちばんよくその特徴をあらわす。それは、原理において原価主義会計と根本的に対立する。貸借対照表区分はそれほど異ならないが、資産各項目の価額づけの方法は、現在市場価格によるので、原価主義のばあいにくらべて、経済統計上、あるいは経営政策上の、意味はいっそう大きい。損益計算書は「経営成績」をいっそう分析的に詳細に表明する。そのことが考えられてか、「企業会計原則」冒頭の一条「企業会計は、企業の財政状態および経営成績に関して、真実な報告を提供するものでなければならない。」というのを解説して、このばあい、絶対的真実性は達成されず、ただ相対的真実性が問題になると述べられるのはしばしば聞くところであるが、これは時価主義に対する原価主義のコンプレクスを意味するのである。(「序文」)

青木脩『時価主義会計』

著者の本書出版の意図は、「序」において、次のように記されている。

本書は阪本安一編集・現代会計学選集の1冊として執筆されたものである。周知のように、貨幣価値安定の公準に立脚する伝統的原価主義会計は、最近の貨幣価値下落・物価上昇の慢性的傾向により、理論的にも制度的にも現実適合性を失い、貨幣価値変動の公準に立脚する新しい会計としての物価変動会計の成立が期待されるにいたっている。かかる新しい会計は、もはや理論的研究の域を超えて、制度化を必要とされる時代となっており、英米等における時価主義会計の制度化の現実は、まさにかかる時代的要請を反映するものということができよう。

しかるにわが国では、時価主義会計につき、理論的研究においては相当に進んでいるにもかかわらず、制度化についての意欲は甚だ薄弱のもののようである。制度会計の遅れというべきであろう。この遅れを挽回するための努力は、会計研究者にとって必要不可欠のことと思われる。このような視点から執筆されたものが本書である。また時価主義会計に関する著者の関心は、これまでのフランス会計、付加価値会計の研究と関連して一貫して温められてきたものでもある。

なお、ここでいう時価主義会計は、過去の貨幣価値安定時代の財産計算目的のそれではない。其の損益計算を目的とする物価変動会計としてのそれである。

17−4　公正価値会計の文献

時代はくだり、会計ビッグバンによりわが国の会計の国際化が進みますが、その最たるものが時価会計でした。これに関連して、次の文献を取り上げます。

石川純治『時価会計の基本問題―金融・証券経済の会計―』

著者によれば、本書は次の意図を持って書かれています。理論と制度の2つの側面から時価会計を論じているところに、その有為さがあるように思います。

今日、金融ビッグバンの一環として会計制度の一大改革（会計ビッグバン）が行われようとしている。なかでも、金融商品の時価評価は金融・証券経済のいっそうの高度化・多様化を背景にしており、それは会計制度のみならず会計理論としても重要な問題をはらんでいる。本書は、そうした時価会計の導入にあたって何が問題なのかを、理論と制度の両面からいくつかの基本問題として論じる。そして、そのことは同時にこれまでの伝統的会計（原価主義会計）の基本的な枠組みをも明らかにすることになるであろう。（「序文」）

ところで、IFRS第13号「公正価値測定」は、公正価値を「測定日において市場参加者間で秩序ある取引が行われた場合に、資産の売却によって受け取るであろう価格又は負債の移転に支払うであろう価格をいう」と定義しています。さらに、レベル1、レベル2およびレベル3の段階で測定をします。

レベル1は観察可能な活発な市場が存在し、資産または負債の公表価格で測定します。レベル2は観察可能な活発な市場と観察可能な不活発な市場がある場合です。前者は類似の資産または負債の公表価格、後者は同一もしくは類似の資産または負債の公表価格で測定します。レベル3は観察不能な場合で、観察可能な市場データは入手できないが、入手できる最良の情報に基づき設定された、市場参加者が価格設定する際に用いるであろう仮定を反映する入力数値（企業の自己のデータを含む）で測定します。問題はレベル3です。レベル1と2は市場があり客観的測定が可能であるが、レベル3はそれがありません。なお、ＩＦＲＳ第13号は、ＦＡＳＢの財務会計基準書第１５７号「公正価値による測定」（２００６年）とほぼ同じ内容となっています。財務会計基準書第１５７号の翻訳は、市ヶ谷の日本公認会計士協会の事務局でコピーしました。

公正価値測定については、多くの優れた専門書がありますが、ここではキャッシュフローの計算を中心に文献を取り上げます。

田中建二『時価会計入門～日本基準・米国基準・ＩＡＳの比較・解説～』

本書は、「時価会計入門」と題して『企業会計』に連載したものをもとにその後の新しい動向を加えてわかりやすくまとめたもので、会計の初心者にうってつけの時価会計入門書です。有価証券、貸付金の減損、固定資産の減損、デリバティブ、年金会計など個別の会計基準の測定を具体的な例題により解説しています。これらの測定について、日本基準・米国基準・IASの相違を解説しているのも特徴です。ただし、年金会計は、頻繁に改訂が行われているので留意する必要があります。

北村敬子・今福愛志編著『財務報告のためのキャッシュフロー割引計算』

本書は、金融商品会計、減損会計、リース会計などのさまざまなケースにおけるキャッシュフロー割引計算（割引現在価値）を具体的な例題で解説しています。IASBや日本の会計基準を学習する上で、公正価値測定は必須の課題となっています。ところが、どのように測定するかはわかり難さがあります。そういう場合の有意義な解説書です。

上野清貴『公正価値会計の評価・測定』

本書は、割引現在価値による測定をさらに発展させたリアル・オプション会計、EVA会計などを取り上げています。

これまで、伝統的な取得原価会計のほかに、購入時価会計、売却時価会計、現在価値会計などの広い意味での時価会計があり、近年では、現在価値会計を発展させたフリー・キャッシュ・フロー会計、ＥＶＡ（経済付加価値）会計、リアル・オプション会計などがあり、個別的な会計として金融商品会計や無形資産会計などがある。これらの会計システムはそれぞれ理論的論拠が存在し完結しているが、全体的に見ると、個々の会計システムが競合する関係にあり、理論的に統合されていないのが現状である。本書では、これまで提唱されてきた様々な会計システム論を理論的に統合し、会計システムの一般理論を構築しようとするのが、本書の目的である。

なお、上野には、本書の続編というべき『公正価値会計の構想』（中央経済社、２００６年）もあります。

James P. Catty, Dita Vadron and Andrea R. Isom, ***Wiley Guide to Fair Value Under IFRS***, John Wiley & Sons, 2010.

本書は、ＩＦＲＳの複雑な評価の要求に対応した完全なガイドです。また、実例に基づいた事例を含み、従業員の株式オプションやデリバティブのような特定の問題への解決へ導く書です。巻末のGlossaryは、公正価値を理解する上で非常に有用です。翻訳書がないのは残念です。各章読み切りになっていますので、必要な個所を拾い読みしてはどうでしょうか。

Doron Nissim and Stephen Penman, *Principles for the Application of Fair Value Accounting*, Columbia Business School, 2008.（角ケ谷典幸・赤木諭士共訳『公正価値会計のフレームワーク』）

原著者は、「日本語版への序文」において、次のように述べています。

「原則主義的」アプローチを採用し、どのようなときに公正価値会計を適用すればよいかを判断するための一組の諸原則を提示しようとするものである。
本書の狙いは、1つの包括的な概念フレームワーク、つまり公正価値会計の適用に関する一組の一体性ある諸原則を提示することにある。公正価値会計のフレームワークは、道理と誤解の識別を可能にし、秩序立った判断を促進させることである。
日本語版の刊行が公正価値会計と歴史的取引会計の理解を促進させ、日本の会計実務および会計学研究がますます発展するように願っている。（角ケ谷・赤木共訳）

「序章」では、「本書では、銀行の貸出債権、コア預金、棚卸資産、子会社投資、保険契約、履行義務、および債務といった貸借対照表項目を例にあげて、これらを公正価値で評価することの賛否を――検討する」と述べています。

公正価値の是非については議論のあるところですが、「付録A　公正価値会計に対する賛成論と反対論」は、賛成論と反対論が要領よくまとめてあり有意義です。

なお、共訳者の角ケ谷には、『現在割引価値』（森山書店、２００９年）の著書があります。最近の企業会計における公正価値本位の測定の風潮について、次の高寺貞男の批判書があります。

高寺貞男『会計と市場』

本書は、測定規準としての現在価値会計について、その主観性（あるいは恣意性）を検証しています。著者は、ディーアール・スコット（１８８７～１９５４）の「市場から会計へ」の移行から出発する会計進化論を現在の視点から再構成する作業の中で試行錯誤を繰り返し、市場と会計におけるコンベンションやルールの創造的進化は「社会の競合する諸力が（社会から市場を分離し、さらに市場から会計を独立させる原動力として）作用する（のに対し反作用として抵抗する）場としてとらえる」（「まえがき」）というアプローチにしたがい市場と会計の相互作用について論じています。各章は、雑誌『會計』や『大阪経大論集』

に掲載された論文により構成されています。著者のアプローチには独特のものがあり、異なった観点から会計を見直す一視点をわれわれに与えてくれます。

渡邊泉編著『歴史から見る公正価値会計』

本書は、日本会計研究学会課題研究委員会の「歴史から見る公正価値会計―会計の根源的な役割を問う―」の研究成果をまとめたものです。編者は、会計の歴史研究をする中で、昨今の公正価値会計の主観性を問題にしています。執筆者は、会計史を専攻する研究者のみならず、現代会計学の分野で優れた主張を展開する研究者も健筆を奮っています。

18 会計学の新展開に係る文献

18-1 会計の新しい幕開けを導いた文献

大学院生時代、米国でよく読まれている会計書として、ヘンドリクセン（Eldon S. Hendriksen）の著書があると聞いて、早速原書を買った記憶があります。それが書棚にありますが、第4版です。初版には、翻訳書があります。

Eldon S. Hendriksen, *Accounting Theory*, Richard D. Irwin, 1965.（水田金一監訳『ヘンドリクセン会計理論上巻・下巻』）

ヘンドリクセンの『会計理論』は、1970年に第2版、1977年に第3版、1982年に第4版（604頁）、1992年に第5版（これはMichael Van Bredaとの共著、905頁）が出版されています。筆者の手元にあるのは、第4版、第5版です。本書の内容は、時代の流れの中で変化していますが、筆者にとって興味深くかつ思い出深い著書です。若い読者の方は、水田監訳だけでも紐解いてはいかがでしょうか。

E. O. Edwards and P. W. Bell, *The Theory and Measurement of Business Income*, University of California Press, 1961.（中西寅雄監修、伏見多美雄・藤森三男共訳『意思決定と利潤計算』）

取得原価主義会計が全盛の時代に、本書が会計学界に投げかけた波紋は大きいものがありました。監修者の中西寅雄は、「本書を貫いている主題を、しいて一言のもとに要約するならば、それは、経営意思決定の評価に役立つような利潤の概念および利潤計算のシステムについて、一つの新しい体系を示したものといってよいであろう」と評しています。エドワーズとベル（E. O. Edwards and P. W. Bell）は、「序文」において、次のように述べています。

企業利益に関する緻密な概念、つまり、手堅い理論を基礎としながら、実際に測定可能でもある概念を展開することの必要性については、議論の余地がない。企業利益は、私的な自由企業経済が、その活動に当たって依拠している最も重要な情報である。こういう企業利益を適切に測定することは、企業経営を堅実にしていくために、（つまり、不確実な未来に関する意思決定をよりよいものにする目的で、企業内で過去に行なわれた意思決定を評価するために）不可欠のことである。それはまた、企業外部の個々人ないし集団（たとえば投資家、債権者、政府機関など）が、各企業の業績を判定したり、異なる企業ないし企業集団間の比較をしたりするためにも必要であるし、一国経済における資源の配分に影響力をもつ外部者にとっても必要とされる。さらにまた、企業利益に関する適正な概念は、課税を公平にするためにも不可欠のものである。（伏見・藤森共訳）

さらに、会計学界の現状を次のように分析し、それに対してとるべき目標を掲げます。

経済学者は、未来の諸事象に関する期待値から導かれるまったく主観的な概念をもちこむのに対し、会計学者の方は、客観性を主張し、実際の（不幸なことに、しばしば歴史的な）事象の測定を主張してきた。両者の観点の間にこのように明瞭な障壁があるため、多くの人は、両者の調整は不可能だとあきらめてきたし、それがまた二つの学問の間のギャップを大きなものにしてきたのである。けれども、両者は、その視界が、一方は未来を向き、他方は過去を向いているという違いがあるのを除けば、あい関連する問題を取り扱い、また、同種の資料に依存することが多い。両者の観点は、それぞれ固有の問題に役立つことが立証されてきたのだから、両者を調整することが、同時に、経済学者の主観的な行き方と、会計学者の客観的事象の重視との、どちらかを破棄するようなものであってはならない。われわれは、主としてこのような目標に向って、理論を築こうと努めている。（伏見・藤森共訳）

現在、取得原価主義会計と公正価値会計の是非が論じられていますが、その中で今一度このエドワーズとベルの本書を読んでみてはいかがでしょうか。

Richard Mattessich, *Accounting and Analytical Methods*, 1977 by Scholars Book Co., 1st edition, 1964.（越村信三郎監訳『会計と分析的方法上巻・下巻』）

監訳者は、マテシッチ（Richard Mattessich）について、会計学に革新をもたらした人であり、新しい分析的・科学的視点からの会計教育に新機軸をつくりだすために本書を出版したと述べ、マテシッチの功績として、次の5つをあげています。

（1）会計学と経済学を統合しようとする野心的な試みを行っている。

（2）近代数学の集合論と行列論を会計の分野に適用しようと試みている。

（3）これまで未開拓であった会計学の公理的基礎づけを提案した。

（4）財務会計、原価会計、管理会計、政府会計および国民所得会計などの根底に原理的に全く等しい基盤があることを発見した。

（5）これまでの簿記学者や会計学者は、T勘定による形式を唯一絶対のシステムとしていたが、この固定観念を打破し、従来からあった将棋盤式簿記にレオンチェフの投入・産出分析の基礎となっている「行列理論」を意識的に取り入れ、近代的な行列簿記のシステムを樹立した。

数学が不得手な者にとっては、本書はなかなか手応えがありすぎてギブアップしたくなりそうで、会計学とかけ離れた印象を受けます。1つだけ付言すると、マテシッチの樹立した行列簿記は定着せず、未だT勘定による形式を用いて簿記教育が行われているのは周知のとおりです。

最近、マテシッチは、古代会計の著書や *Two Hundred Years of Accounting Research*（Routledge,

2008）の歴史的研究を行っているようです。

Norton M. Bedford, *Income Determination Theory and Accounting Framework*, Addison-Wesley, 1965.（大藪俊哉・藤田幸男共訳『利益決定論』）

１９６０年代は、取得原価、実現主義、費用収益対応概念に基づく利益概念に対し、前述のエドワードとベル、マテシッチ然り、その後も経済学の利益概念が会計学に導入され、またそれをめぐって論争が起こります。本書もその１つで、この辺の事情を原著者は、「序文」において次のように述べます。

利益概念はたえず変化している。古い利益概念は、現代社会における利益数値のさまざまな新しい用途にそのままではあてはまらなくなり、多くの場合は古い概念の修正ではあるが、新しい諸概念が考えだされるようになった。異なった利用目的に対して異なった概念が展開され、そして種々の新しい概念を明確にするためにそれぞれの概念の相違が区別された結果、利益の測定方法にも変更と修正とがもたらされた。（大藪・藤田共訳）

そこで、ベドフォード（Norton M. Bedford）は、利益概念について１つの会計理論のフレームワークを提示します。それは、「利益の伝統的な見方を改める努力のなかで、」「新しい要求に応えうる会計的利益決定の理論のひとつの操作的な枠組み」の構築です。このベッドフォードの見解について、伊藤徳正『ベドフォードの会計思想』成文堂、2011年（愛知学院大学産業研究所報『地域分析』第49巻増刊号）があります。合わせて読むことにより理解が深まること間違いありません。

Raymond J. Chambers, *Accounting, Evaluation and Economic Behavior*, Reprinted 1974 by Scholars Book Co., 1st edition, 1966.（塩原一郎訳『現代会計学原理—思考と行動における会計の役割—上・下』）

チャンバース（Raymond J. Chambers）は、「はしがき」において、次のように述べ、創刊した雑誌 *Abacus* で自説の展開を行っています。

人々の行動を、いろいろな行動の集合の要素と考えてみることがある。しかも、特定の共通な方向をもち、繰り返し行われる一連の行動から構成される集合の要素と考えてみることがある。この場合には、行動の場としての組織について、もっと信頼できる信念をもとうと努めているのである。また、それゆえに特定範囲の行動に固有の関係をもつ事実を知るために、もっと信頼できる方法を手に入れようとしたことになる。これこそ、まさしく科学の手順である。科学の方法は、探究的であり、経験的であり、自己批判的である。その結論は一般性をもち、その値打ちは、それがもつ説明力と予測能力によって与えられる。会計は、発見のプロセスであり、事実とりわけ経済的領域に属する行動に関連をもつ事象を知るプロセスである。こうした根拠に立って、本書では会計は、いかなる面からみても、経験科学と異なるところはないという考え方を展開する予定である。（塩原訳）

チャンバースの原書は、Scholars Book Co. の Accounting Classics Series による復刻版です。訳書は、今でも購入できます。出版社に問い合わせてみてください。なお、塩原にはチャンバースの別の著書の訳書（『現代会社会計論』創成社、１９７７年）があります。

18－2　キャッシュフロー会計の文献

いわゆる会計ビッグバンにより、わが国に連結キャッシュフロー計算書が導入されたのが１９９８年です。キャッシュフロー計算書は、損益計算書および貸借対照表に次ぐ第３の財務諸表として注目をあびたことが懐かしく思い出されます。当時、書店においてキャッシュフロー計算書関連書籍が山積みされていました。

わが国のキャッシュフロー会計の研究書には、黒澤清『資金会計の理論』（森山書店、1965年）がありますが、その先駆者は染谷恭次郎であり、『キャッシュ・フロー会計論』（中央経済社、1999年）、『財務諸表三本化の理論』（国元書房、1983年）などの著書があります。

染谷恭次郎『増補資金会計論』

資金と言えばキャッシュフロー計算書が頭に浮かびますが、わが国の資金会計はキャッシュフロー計算書に尽きるものではありません。会計ビッグバンによりキャッシュフロー計算書がわが国に導入され、大騒ぎになっていた1990年代末、ある実務家は「わが国では資金繰表という優れた資金管理が行われてきた、なぜキャッシュフロー計算書で大騒ぎするのか」と憤慨されていました。また、ある著名な会計学者は、「キャッシュフロー計算書と大騒ぎするから、将来の会計情報でも予測できるようになったのかと思ったら、貸借対照表や損益計算書と同じように過去情報ではないか。何で大騒ぎするのか理解できない」と首をかしげておられたのを思い出します。

本書には、いち早くわが国において資金運用表の研究に取り組まれた成果がまとめられています。なお、染谷の研究は、資金会計の研究だけにとどまるものではありません。染谷には英文の著書もあります。Kyojiro Someya, *Japanese Accounting: A Historical Approach*, Clarendon Press Oxford, 1996. です。本書は、パートⅠ「日本の会計史」とパートⅡ「財務会計理論の諸問題」からなり、21の項目があります。そのうち、16～21まで資金会計論を取り扱っています。手に入れるのは難しいでしょうから図書館で探して読んでみてください。

次に、アンソニー（Robert N. Anthony）の著書を取り上げます。会計学の英語の学習にうってつけです。

Robert N. Anthony, ***Future Directions For Financial Accounting***, Dow Jones-IRWN, 1984.
（佐藤倫正訳『アンソニー財務会計論：将来の方向』）

アンソニーは、資産や負債の定義をキャッシュフローに基づき再定義すべきであると主張します。その見解は「著者まえがき」で余すところなく披歴しています。

本書は財務会計の概念フレームワークを記述する。このフレームワークは、大多数の点で現行の実務と相似している。したがって、それは、現行実務がどのようになっており、また、なぜそうなっているのか、についての要約を提供する。わずかな概念だけが現行実務と異なっているが、それらは明確に識別されているので、それらが改善を示しているかどうか、読者ご自身で判断することができよう。本書は机上の空論を述べたものではない。ここでなされた現行実務を変更しようとする提案は、それらが健全であるとＦＡＳＢが納得しさえすれば、容易に実行されうるものである。しかしながら、歴史の示すところでは、ＦＡＳＢは、ある提案が会計人および会計情報の利用者の支持を得たと確信するまでは、動こうとしないのである。私が読者諸賢にお願いしたいことは、本書で示唆された方向への変化を後押しすることに関心を持っていただくということである。（佐藤訳）

ＩＡＳ第1号「財務諸表の表示」の改訂のための予備的見解は、財政変動計算書および包括利益計算書をキャッシュフロー計算書の様式に基づき再構成することを主張していますが、これはアンソニーの主張に鑑みて興味深いことです。

この他、Robert N. Anthony, *Rethinking the Rules of Financial Accounting*, McGraw-Hill, 2004. があり、訳者の佐藤には『資金会計論』（白桃書房、１９９３年）という著書があります。

18－3 実証研究の文献

中村（忠）の指導した学生のうち実証研究の分野でその名を馳せた研究者がみられるにもかかわらず、「いま私は、ＡＡＡの機関誌 Accounting Review が届いてもほとんど読まない。

いや、読めないのである。それは数学ができないからである。」（中村忠『会計学風土記』白桃書房、2003年、8頁。）と嘆息をもらされていますが、同感です。

しかし、今や実証研究花盛りで、論文や著書には数学がちりばめられています。不得手の分野ですが、あえて次の文献を取り上げます。

Ross L. Watts and Jerold L. Zimmerman, *Positive Accounting Theory*, 1st edition, Prentice-Hall, Inc., 1986.（須田一幸訳『実証理論としての会計学』）

原著書の実証研究に対する見解は、次のように要約できるでしょう。

経済学を基礎にした会計の実証研究が広範に行われ、その数は増加の一途をたどっている。本書は、そのような研究の基礎をなす理論と調査方法を検討するものである。ここで理論とは代替的手続きの中から1つを選択するための規則（たとえば、収益と費用をよりよく対応させる手続きを選択すること）を提示するものではなく会計実務と監査実務の説明論を示すことを意味している。たとえば、ある会社は加速償却法を用い他の会社は定額法を用いるのはなぜか、ある会社はビッグエイトの監査人を雇い他の会社はビッグエイト以外の監査人を雇うのはなぜかということを理論は説明する。そのような理論は会計専門家と経営者にとって重要である。環境が変化したり不慣れな状況に取り巻かれたとき、彼らがより望ましい意思決定をするのにその理論が役立つからである。（中略）実証研究は、会計と監査に関する事実を発見することが問題なのではない。研究者はある理論から導かれる仮説を明確に特定し、それを検証する。もし仮説における関係が立証されれば、その理論が調査結果を解釈するために使用される。しかし、研究者の得た証拠が理論の修正を引き起こし、新たな仮説が生まれ、それが検証されることもまれではない。その結果、理論は時が経るにつれて発展し、実証研究の状況を現時点で精緻すると、初期の研究結果が元々の研究者の解釈とまったく異なる形で解釈されることがよくある。（須田訳「著書序文」）

なお、訳者の須田には『財務会計の機能』（白桃書房、2000年）という著書があります。

大日方隆『アドバンス財務会計―理論と実証分析―（第2版）』

本書は、「ディスクロージャー制度で開示される会計情報を研究・分析するための基礎的な知識と方法を解説したもので」、「学部教育と大学院教育の橋渡しの機能を果たすことを意図して」、テキストとして書かれています。しかし、テキストは学習者の学習コストを軽減するために標準化された知識をまとめたものですが、本書は標準化されていない内容を取り扱っているために、難解で学習に一定の負担がかかるかもしれないことへの注意を喚起しています。実証研究が花盛りの昨今、実証研究を志す学生などにとって一読の価値があるのではないでしょうか。

William R. Scott, *Financial Accounting Theory*, 4th edition Pearson Education Canada, Inc., 2006.（太田康広・椎葉淳・西谷順平共訳『財務会計の理論と実証』）

本訳書は第4版の翻訳であるが、現在、第6版が2011年に出版されています。本原著の内容について、表紙のカバーから引用すると次のとおりです。

原著は、カナダ公認一般会計士プログラムにおける会計理論のコース・テキストとして、定評のある書籍である。カナダの多くの大学において、公認一般会計士、公認管理会計士、勅許会計士を目指す学生のための会計理論のコースで、本書が使われている。1970年代以降、会計の理論的研究は情報経済学（不確実性と情報の経済学）との一体化が進み、現在では事実上、ミクロ経済学の1つの領域として確立されつつある。この意味での会計の理論的研究（分析的会計研究）においては、経済数学やミクロ経済学が当然の前提となり、また計量経済学的手法を用いた実証研究の論文は厳密なアカデミック・トレーニングを受けた人でないと中々読みこなせないものとなった。

本書は、こうした状況に応える会計理論のテキストとして、必要とされる経済学、数学、統計学の知識を最小限取り入れ、最新の実証研究や理論研究をカバーしている点に特徴がある。現代の財務会計論の実情に最も適した会計理論のテキストである。（太田他訳）

動態論（あるいは収益費用観）に染まった化石のような頭脳には、なかなかなじめない文献です。頭脳の柔軟な若い読者は、本訳書だけでもじっくり読んでほしいと願っています。

18－4　財務報告変革の文献

Richard G. Schroeder, Myrtle W. Clark and Jack M. Cathey., *Financial Accounting Theory and Analysis: Text Readings and Cases*, 7th edition, John Wiley & Sons, Inc., 2001.
（加古宣士・大塚宗春監訳『財務会計の理論と応用』）

原著者は、「序」において、本書の意義を次のように述べています。

会計教育は、この会計理論の教科書を執筆してから数々の劇的な変革を経験してきた。本書が第7版の刊行に至ったのも、20年間にわたる変革の大きさを物語っている。当初は、理論と考えられていたものの多くが、現実にはルールの暗記となっていた。近年では、世界経済のグローバル化によって、会計人として成功するために必要な能力も影響を受けるようになり、会計教育者も会計教育を伝達する新しい手法を開発する努力が要求されるようになってきた。現在強調されている点として、倫理教育のカリキュラムへの組込み、会社の稼得利益および持続可能利益の質に関する分析、情報源としてのウェブの活用、会計の国際的側面の一層の強調、批判的考察力の開発、コミュニケーション能力の開発、さらには、共同作業能力の開発のためのグループ教育の活用が挙げられる。（加古・大塚監訳）

このような意図をもって、「本書の改訂に当たっては、21世紀における会計専門家のニーズに見合った内容に再度焦点を合わせて作業を進めてきた」のです。本書は、実証研究が花盛りの米国において、オーソドックスな会計学の研究書です。

William H. Beaver, *Financial Reporting: An Accounting Revolution*, 3rd edition, Prentice-Hall, Inc., 2008.（伊藤邦雄訳『財務報告革命【第3版】』）

ビーバーは、財務報告革命という呼び名について、「第1章　革命」において次のように述べています。

新世紀を迎えるにあたって、財務報告は新旧を巧妙に混ぜ合わせた内容となっている。複式簿記会計は５００年前に生まれ、現在もなお財務諸表の構造のバックボーンとなっている。20世紀初め、会計理論は資産、負債、資本そして利益をいかにうまく測定するかという受託責任理論へと発展し、会計指標と経済的概念を比較検討してきた。

過去35年間、財務会計基準審議会（ＦＡＳＢ）と証券取引委員会（ＳＥＣ）が規定する財務報告基準や規則は、その量・複雑性ともに急速に増大してきた。アメリカ公認会計士協会〔ＡＩＣＰＡ（１９９４）〕と投資管理・調査協会〔ＩＭＲ（１９９３）〕はともに21世紀の財務報告をめぐる問題に対して現行システムが適切であるかを評価した上で、そのシステムを大きく変えることを要求している。これらの提案の多くは、非財務データ、将来データ、公正市場価値データの開示要求など、財務報告の情報アプローチの立場をとった場合の自然な拡張やインプリケーションであると見なされる。そうしたインプリケーションを追求していくと、財務報告がどのように見られ、評価され、規制されるかに関して情報アプローチが劇的な影響を与える可能性がある。こうした観点の変化は、財務報告革命（financial reporting revolution）と呼ばれるものであり、まさにこれこそが本書の主題なのである（伊藤訳、3〜4頁）。

ＩＡＳＢにおいて、国際会計基準（ＩＡＳ）が国際財務報告基準（ＩＦＲＳ）に名称が変わったことは記憶に新しいが、会計基準は財務報告基準であると考えて、その動向を見極めるには必読の書です。

J. A. Christensen and J. S. Demski., ***Accounting Theory: An Information Content Perspective***, The McGraw-Hill Companies, Inc., 2003.（佐藤紘光監訳『会計情報の理論：情報内容パースペクティブ』）

ある理論が会計制度を合理化できなくなると、新しい理論が出てくるというわが国のある批判会計学者の主張もありますが、本書もその1つと考えられるのでしょうか。

本書は、会計情報の役割を共通の分析モデルを用いて体系的に説明しようとするものである。ただし、情報有用性の視点を基軸にしているからといって、昨今の時価会計や公正価値会計の有用性を主張しようとするものではない。取得原価をベースとする発生主義会計によってこそ会計本来の情報伝達機能が発揮でき、そこに他の情報源に対する会計の比較優位性が求められるというのが、本書の基本的スタンスである。著者たちの発生主義会計へのこだわりは、情報内容パースペクティブ、換言すれば、情報伝達を会計目的と認識し、会計を数ある情報源の1つとして捉える考え方から生まれており、価値測定を会計目的とする考え方と一線を画する会計目的観である。（「訳者あとがき」）

監訳者の佐藤には、編著の『契約理論による会計研究』（中央経済社、2009年）があります。

広瀬義州編著『財務報告の変革』

本書は、日本会計研究学会・特別委員会（2007年度・2008年度）の研究成果をもとにまとめられたものです。21名の会計学者により最近の財務報告に対する見解を幅広く取り上げています。これにより、最新の財務報告の現状を把握することができます。

徳賀芳弘・大日方隆編著『財務会計研究の回顧と展望』

本書は、わが国の財務会計の変遷を明らかにし、将来の展望を示しています。編者は、「はじめに」で次のように述べています。

財務会計研究の偉大な先駆者、尊敬する先輩達の足跡は、苦悩に満ちている。それをそのまま次代の研究者に経験させたのでは、当世の研究者の存在意義が疑われる。どのようにしたら前代の苦悩を減らすことができるのか、どのように新しい課題に立ち向かったら未来を切り拓くことができるのかを明確にすることが、われわれの責任である。

本書は、まさに筆者が考える会計学研究の総括と展望を示しています。まず、本書を読むことは、会計学研究の現状を把握する上で欠かせないと考えます。

19　ドイツ会計学の巨匠シュマーレンバッハに係る文献

筆者は、大学院生の時に、偶然、天神の紀伊国屋書店（当時）でシュマーレンバッハ『動的貸借対照表論』の英訳書を手に入れました。本英訳書の原著書は、かの有名なシュマーレンバッハ（Eugen Schmalenbach）の *Dinamishe Bilanz* です。この初版は、１９１８年に出版されています。わが国では、土岐政藏訳『動的貸借対照表論』（森山書店、１９５９年）があります。これは、第12版を底本としています。手元にある訳書は１９７５年の９刷で、筆者は原著書12版はコピー、第13版（１９８８年）を所蔵しています。

Eugen Schmalenbach, *Dynamic Accounting*, Translated from the German by G. W. Murphy and Kenneth S. Most, Gee and Company (Publishers) Limited, 1959.

本書についての記事が『産業経理』（1961年6月号）の「編集雑記帖」に載っています。

シュマーレンバッハの『動的貸借対照表論』（第十二版）の英訳が、一九五九年ロンドンで出版されている。ジャーナル・オブ・アカウンタンシーの四月号に、エリック・コーラーが、その紹介を書いている。訳書の表題は、『動的会計学』（ダイナミック・アカウンティング）となっている。われわれは、何よりもまずシュマーレンバッハの英訳が出たということ自体に、大きな広い意味での文化的意義を認めないわけにはいかない。（中略）しかもそれにもまして、英国の一流の出版社から一九五九年に出たこの訳本の紹介が、アメリカで六一年四月号の雑誌に、しかも引退した会計学者によって取り上げられているという事実も興味がある。アメリカの会計学者の中で、外国語を読んだのは古いところではハットフィールド、現存の人ではリトルトンくらいのものだと、どこかで聞いたように記憶しているが、この英訳は、英米でどれほど読まれるであろうか。恐らく日本で読まれる数の方が、はるかに多いと予言してもはずれないであろう。（傍

点―筆者）

コーラーが紹介している*Journal of Accountancy*の4月号は、残念ながら読む機会がありませんでした。コーラーは、77頁で紹介しています。

ところで、シュマーレンバッハの学説は、費用動態論として有名です。それまでの債権者保護を目的とする貸借対照表中心の会計を批判して、投資家の保護を目的とする損益計算書中心の会計を展開しました。

動態論では、当期の費用および収益にならなかったものが資産や費用として貸借対照表に計上されます。例えば、建物は減価償却費としてその耐用年数にわたり費用となります。つまり、資産とは将来の費用と言うことができます。動態論によれば、貸借対照表は、損益計算書の連結環とか補助手段となります。この動態論は、それまでの会計を一変させ、一世を風靡しました。ただ、動態論では、現金がうまく説明できず（現金は将来の費用か？）、批判の的になりました。シュマーレンバッハ門下は、現金の説明のために収支計算による会計を主張しています（本書では取り上げていません）。

資産を将来の費用であるとする動態論については、極端であるという批判も唱えられました。大学院で簿記論を教わった三苫夏雄は、これを次のように揶揄して批判をしています。

会計学者の中にはこんなことを言う人がいる。今期の収益と今期の費用は損益計算書に載せるが、今期の費用として一度におとせない、例えば、10年もてる機械は貸借対照表に載せておいて毎年、減価償却ということで費用に送り込む。期間損益計算を正しくする為に貸借対照表は調節弁的な、貯水池的な役割を果していると。しかし、この見解は、未償却の機械が稼働して収益をあげていることを忘れている。百貨店のエスカレーターは減価償却が目的として取り付けられているのではない。あれは1階から2階、2階から3階へとお客に楽に上がって頂いて売上げを増やそうというのが本来の目的である。会計処理にこだわって、本来の目的を見失っては困る。損益計算書の為に貸借対照表があるのではなく、貸借対照表があるから損益計算書が生まれてくるのである。諸君は卒業すればサラリーマンになるだろう。貸借対照表になるのだ。だから月給という損益計算書をもたらすのである。月給の為に諸君は存在せず、諸君があるから月給が生まれてくるのである。（一部筆者が加筆修正）

なお、費用動態論は、静態論が時価主義で評価を行ったのに対し、取得原価主義による評価、実現主義による期間損益の計算を主張しています。前述の減価償却は、資産を取得原価で評価し、耐用年数にわたり費用配分を行うことになります。収益は実現したものが計上されます。わが国の「企業会計原則」は、動態論により制定されています。この費用動態論と同じような見解は、米国では前述（１０２頁）のペイトンとリトルトン『序説』が唱えています。

ところで、土岐政藏について和歌山経済専門学校時代の教え子の北川竜三（当時、東京麻糸紡績社長）が『日本経済新聞』の最終紙面の「交遊抄」に「貸借対照表と豆腐」と題して執筆しています。貸借対照表の部分が土岐の話です。

和歌山の片田舎での経済専門学校の学生時代に、友達のようにお付き合いをいただいた先生がいる。シュマーレンバッハの動的貸借対照表論を論ずる簿記・会計学の大家であった故土岐政蔵先生である。講義はむちゃくちゃに下手であったが、出席しさえすれば単位がもらえる利点があったので教室はいつも満員であった。私は大変興味があったので、授業で理解のできなかったことについては、教授室やお宅にお伺いして納得いくまでうるさくつけまわしたものであった。卒業する間際に、損益計算書と貸借対照表の関連についての説明の中で「二よりも大きな一」のあることをこんこんとさとされた。その内容は「会社というものは、いくら利益を出したかという損益計算書がどうしても脚光を浴びるが、貸借対照表という費用倉庫の中ががっちりと正確に納まっていない状態でのその数字は、一時的なみえ張りであり、信用するに足りない。逆にたとえ損益計算書で多少の見劣りがしても貸借対照表に力があれば自信をもって前に進め、必ず逆転できる。人生も同じである。華やかな舞台に立った時、また逆境に泣く立場に追い込まれた時、表面に現れた損益計算書で喜怒哀楽することなく、冷静に総合力である自分自身の貸借対照表をよく分析し、時にはこれではいけないと反省し、時には何くそと前途に希望をもって、がんばる勇気を引き出さねばならない」というものであった。仕事柄、損益計算書、貸借対照表に接する機会が多いが、顔面神経痛で目をしばつかせ、眼鏡をはずしたり、かけたりしながら朴訥（ぼくとつ）に講義をする先生の顔が最近特にくっきりと思い出されて仕方がない。以下省略。（『日本経済新聞』1982年5月25日朝刊）。

近年、国際会計基準審議会（IASB）などでは、公正価値（時価）による測定が重視され、取得原価主義や実現主義は歴史の表舞台から退場しつつあると評されています。しかし、現実には事業用資産には取得原価主義が採用されています。今後の動向を注意してサーベイする必要があります

シュマーレンバッハの伝記に次の文献があります。

W・コルデス編、樗木航三郎・平田光弘共訳『シュマーレンバッハ炎の生涯』

原著書は、ドイツ語です。筆者の手元に訳書だけがあります。1990年に定価4450円（税込）、すでに就職していたとはいえ、薄給の中よくぞ奮発したものだと感慨深い伝記

です。カバーの案内文を次に掲げます。

ドイツ経営経済学・会計学の泰斗として学界・経済界に大きな影響を与え、1955年に生涯を終えたシュマーレンバッハの伝記。研究者として、実践家として大きな足跡を残したシュマーレンバッハの炎のような生き様を描き出した。ナチス・ドイツ時代には、教職を追われ、妻がユダヤ人であるが故に受けた迫害にも敢然と立ち向かった姿は感動的であり、学生たちとの交流は、尊敬と善意に基づく信頼関係で結ばれ、それは全生涯を通じて保たれた。時代の流れの中で天国と地獄をみたシュマーレンバッハの生涯が余すことなく語られている。

わが国のシュマーレンバッハの研究書は多いのですが、とりあえず次の2つをあげておきます。

神戸大学会計学研究会編『シュマーレンバッハ研究復刻版』

1953年10月20日、ケルンにおいてシュマーレンバッハ生誕80周年の盛大な祝賀式典が行われ、神戸大学・神戸経済大学（旧制）教授会は、シュマーレンバッハ教授の学問的業績に酬いて、名誉経営学博士の学位を授与した。序によれば、「本書は、そのような記念の意味をもって、さきに特集された『国民経済雑誌』シュマーレンバッハ号（第八八巻第五号）緒論の論文に、広く、吾国に於けるシュマーレンバッハ研究学者の援助による論文を加へて、編まれたものである。文字通り、吾国に於けるシュマーレンバッハ研究の権威ある集大成であり、シュマーレンバッハ生誕80周年を記念するに相応しいものとして、その内容の充実と権威とを誇るものである」ということです。また、山下勝治（神戸大学会計学研究会代表）は、同じく「序」において、次のようなシュマーレンバッハの紹介を行っています。

シュマーレンバッハ教授は、一八七三年八月二〇日、ドイツ国ウェストファリヤに生まれ、ライプチヒ商科大学を了へて三年後一九〇三年には、早くも「工企業に於ける計算価格」の研究によって教授資格を獲得し、一九〇六年ケルン商科大学私経済学教授、一九〇七年同大学経営経済学正教授となって以来、引きつづき今日に至ってゐる。教授停年制の下で、満八〇歳の高齢をもって、今も尚、大学正教授の地位をもちつづけてゐるといふことは、世界の大学史上稀なことであらう。シュマーレンバッハ教授の学者としての偉大さを物語るものに他ならないと考へる。大学教授として五〇年の永きに亙り、経営学の研究に全生活をうち込んだといふことは、それだけでも、確かに特筆に値することであるが、それよりも、経営学の研究と、その科学としての確立につくされた偉大な貢献に至っては、学派を問はず、国境を越えて、最高級の敬意と感謝とを表さずにはゐられないものを感ずる。即て、ドイツ経営学雑誌としての歴史と権威とを誇る「商学研究雑誌」は、一九〇六年シュマーレンバッハ教授の創刊にかかるもの、その主著としての「動的貸借対照表論」や、「原価計算と価格政策」が会計学的研究に劃期的な役割を果したことは言ふまでもないところ、その他の著書「コンテンラーメン」にしても、「企業金融論」にしても、最近の「分権的経営管理」にしても、一として、その思索の深さ、その優れた着想に於て学問の進展に偉大な影響力をもたないものはない。

本書は、第1編会計理論、第2編原価計算と経営管理、第3編経営学説から構成されています。本書の主題からすれば、第1編会計理論が注目に値しますが、木村和三郎稿「シュマーレンバッハ動態論とペイトン、リットルトンの損益計算論」は、同じく損益計算書を中心とするシュマーレンバッハ『動的貸借対照表論』とペイトンとリトルトンの『序説』を取り上げた興味深い論文です。

宮上一男編著『シュマーレンバッハ研究』

編者は、「はしがき」において、本書の意義を次のように述べています。

本書は、ドイツ会計学の成立その展開において大きな寄与を為し遂げたE・シュマーレンバッハの学説を詳細に取り扱ったものである。シュマーレンバッハ学説の強い影響下にある我国の会計学の研究にとって、この学説の研究は、避けて通ることのできないものであり、げんに、あらゆる会計学的研究は、直接的、間接的に、シュマーレンバッハの理論に関説しないものはないといっても過言ではない。しかるに、この学説にたいして、その学説の論理内容、その学説の果たした役割等について全面的、系統的に解明したものは、内外において、類例に乏しい。この状況に鑑み、とくに、本書においては、シュマーレンバッハ学説の論理内容を明らかにするにあたり、その学説の果たした役割を重視するという観点から分析が行われているのである。すなわちここでは、学説成立の根拠に照らして学説の論理内容が解明されている。このような学説研究の方法により、本書におけるシュマーレンバッハ学説研究の内容は、類書とは異なったものとなっている。この研究の結果、シュマーレンバッハ学説は事物に対する客観的接近を試みたものではなく、会計の制度的合理化のために寄与したものであるということがあきらかにされている。その学説の制度的性質が、学説の論理内容の血脈を構成しているということが、本書によって仔細に分析されているのである（傍点―筆者）。

本書の特徴は、傍点のように「会計の制度的合理化のために寄与したものである」ことにある。宮上理論の核心がシュマーレンバッハ学説を取り上げることにより、明らかにされています。

20　簿記・会計文献のまとめ

1　科学としての簿記学および会計学

○簿記書

Dicksee, L. R. *The ABC of Bookkeeping*, 1908.

○会計理論

Robert R. Sterling, *Toward a Science of Accounting*, 1931. (Reprinted Scholars Book Co. 1979.)（塩原一郎訳『科学的会計の理論』税務経理協会、１９９４年。）

Theory of Accounting: the measurement of Enterprise Income, The University Press of Kansas, 1968.（上野清貴訳『企業利益測定論』同文館、１９９０年。）

Vernon Kam, *Accounting Theory*, John Wiley & Sons, 1986.

Committee on Concepts and Standards for External Financial Reporting, *Statement on Accounting Theory and Theory Acceptance*, AAA, 1977.（染谷恭次郎訳『アメリカ会計学会会計理論及び理論承認』国元書房、１９８０年。）

2　入門書、中級書および上級書

○入門書

桜井久勝・須田一幸『財務・会計入門（第8版）』有斐閣、2010年。

田中　弘『新財務諸表論（第4版）』税務経理協会、2011年。

伊藤邦雄『ゼミナール現代会計学入門（第9版）』日本経済新聞出版社、2010年。

○中級・上級書

武田隆二『簿記Ⅰ簿記の基礎［第5版］』税務経理協会、2009年。

武田隆二『簿記Ⅱ決算整理と特殊販売［第5版］』税務経理協会、2009年。

飯野利夫『財務会計論（改訂版）』同文館出版、1993年。

醍醐　聰『会計学講義（第4版）』東京大学出版会、2008年。

広瀬義州『財務会計論（第11版）』中央経済社、2012年。

3　学会誌・雑誌

○学会誌、雑誌

月刊誌『會計』（森山書店）

季刊誌『季刊会計基準』（企業会計基準委員会）

月刊誌『企業会計』（中央経済社）

月刊誌『税経通信』（税務経理協会）

季刊誌『産業経理』（産業経理協会）

月刊誌『監査・会計ジャーナル』（日本公認会計士協会）
季刊誌『アカウンティング・レヴュー』（米国会計学会）
月刊誌『ザ・ジャーナル・オブ・アカウンタンシー』（米国公認会計士協会）
月刊誌『ザ・アカウンタンシー』（英国・ウェールズ勅許会計士協会）

○受験雑誌

月刊『会計人コース』（中央経済社）
月刊『税経セミナー』（税務経理協会）…２０１３年９月号をもって休刊。

4　文献目録

染谷恭次郎監修『我国会計学の潮流』（全３巻）雄松堂書店、１９８４年。
染谷恭次郎監修『我国会計学の展開』（全３巻）雄松堂書店、１９９６年。
佐藤孝一『会計年表』中央経済社、１９６９年。
中央経済社編『会計学文献目録大集』中央経済社、１９６９年。
染谷恭次郎編『会計学文献目録─明治・大正・昭和初期─』中央経済社、１９８１年。

5　会計学辞典および会計規則集

○会計学辞典

神戸大学会計学研究室編『第六版会計学辞典』同文館出版、２００７年。
編集代表　安藤英義・新田忠誓・伊藤邦雄・廣本敏郎『会計学大辞典─第５版─』中央経済社、

２００７年。

興津裕康・大矢知浩司編『現代会計用語辞典（第2版）』税務経理協会、２００２年。

Joel G. Siegel and Jae K. Shim, *Barron's Dictionary of Accounting Terms*, 4th edition, 2005.（堀内正博・佐々木洋和・濱田眞樹人訳『バロンズ英文会計用語辞典』プログレス、２００８年。）

山田昭広『英文会計用語辞典（第3版）』中央経済社、２０１１年。

○会計規則集
中央経済社編『新会計法規集』中央経済社。

税務経理協会編『会計諸則集』税務経理協会。

中央経済社編『企業会計小六法』中央経済社。

日本公認会計士協会編『会計監査六法』日本公認会計士協会出版局。

6　世界最古の簿記書

○パチョーリ簿記書
片岡義雄『パチョーリ「簿記論」の研究』森山書店、１９５６年。

本田耕一訳『パチョーリ簿記書』現代書館、１９７５年。

片岡泰彦編集『我国パチョーリ簿記論の軌跡（全2巻）』雄松堂書店、１９９８年。

John B. Geijsbeek, *Ancient Double-Entry Bookkeeping*, 1914.（Scholars Book Co. による１９７４年のリプリント版）
R. Gene Brown and Kenneth S. Johnson, *Paciolo on Accounting*, 1963.

7　簿記・会計史の名著

○簿記会計の歴史専門書

【英　書】

Richard Brown *ed., A History of Accounting and Accountancy*, 1905.（Reprinted 2003 by Beard Books）

Arthur H. Woolf, *A Short History of Accountants and Accountancy*, London, 1912.（片岡義雄・片岡泰彦共訳『ウルフ会計史』法政大学出版局、１９７７年初版）

A. C. Littleton, *Accounting Evolution to 1900*, American Institute Publishing Co., 1933, Reprinted by the University of Alabama Press edition, 1981.（片野一郎訳『リトルトン会計発達史』同文館、１９７６年（初版１９５２年、増補版１９７８年））

David Murray *ed., Chapter in the History of Bookkeeping, Accountancy and Commercial Arithmetic*, 1930.（Reprinted 1978 by Arno Press）

Edward Peragallo, *A Study of Italian Practice from the Fourteen Century*, American Institute Publishing Company, 1938.（Reprinted 1974 by Nihon Shoseki Limited.）

T. W. Baxter *ed., Studies in Accounting*, Sweet & Maxwell, Limited, 1950.

A. C. Littleton and B. S. Yamey *ed., Studies in the History of Accounting*, 1956.（Reprinted 1978 by Arno Press）

Michael Chatfield, *A History of Accounting Thought*, Revised edition, 1977.（津田正晃・加藤順介共訳『チャットフィールド会計思想史』文眞堂、１９７８年。）

Gary John Previts and Barbara Dubis Merino, *A History of Accounting In the United States*, John Wiley & Sons, Inc., 1979.（大野功一・岡村勝義・新谷典彦・中瀬忠和共訳『プレヴィッツ＝メリノ アメリカ会計史』同文館、１９８５年。）
Richard Mattessich, *The Beginings of Accounting and Accounting Thought*, Grand Publishing, 2000.
O. ten Have, *The History of Accountancy*, 2nd edition, Bay Books, 1986.（三代川正秀訳『会計史』税務経理協会、１９８７年。）

【和　書】
江村　稔『複式簿記生成発達史論』中央経済社、１９５３年。
小島男佐夫『複式簿記発生史の研究〔改訂版〕』森山書店、１９７０年。
茂木虎雄『日本近代会計史』未来社、１９６９年。
泉谷勝美『複式簿記生成史論』森山書店、１９８０年。
田中藤一郎『複式簿記発展史論』評論社、１９６０年。

○簿記会計の歴史入門書
小島男佐夫『会計史入門』森山書店、１９８７年。
上原孝吉『簿記の歴史』一橋出版、１９８７年。
渡邉　泉『歴史から学ぶ会計』同文館、２００８年。

8　わが国における簿記（研究）書

○江戸期の簿記研究書

河原一夫『江戸時代の帳合法』ぎょうせい、1979年。

西川　登『三井家勘定管見』白桃書房、1998年。

○明治期の簿記（研究）書

西川孝治郎『日本簿記史談』同文館、1971年。

西川孝治郎『文献解題日本簿記学生成史』雄松堂書店、1982年。

福澤諭吉『帳合の法』1873・1874（明治6・7）年。

アラン・シャンド『銀行簿記精法』1873（明治6）年。

小林儀秀訳『馬耳蘇氏記簿法』1874（明治7）年。

加藤　斌訳『商家必用』1877（明治10）年。

宇佐川秀次郎訳『日用記簿法』1878（明治11）年。

図師民嘉抄訳『簿記法原理』1881（明治14）年。

下野直太郎『簿記精理』

海野力太郎『簿記學起源考』

　右記、雄松堂書店より復刻版。

○大正・昭和初期の簿記書

上野道輔『新稿簿記原理』有斐閣、1932年。

上野道輔『簿記理論の研究』有斐閣、1933年。

畠中福一『勘定學説研究』森山書店、１９３２年。

黒澤　清『簿記原理』森山書店、１９３２年。

吉田良三『改訂増補近世簿記精義』同文館、１９３６年。

○簿記理論・教育書

沼田嘉穂『簿記論攷』中央経済社、１９６１年。

沼田嘉穂『新版近代簿記』中央経済社、１９７０年。

沼田嘉穂『現代簿記精義』中央経済社、１９７３年。

中村　忠・大藪俊哉共著『対談　簿記の問題点をさぐる〔改訂版〕』税務計理協会、１９８７年。

安平昭二『簿記　その教育と学習』中央経済社、１９９２年。

Karl Käfer, *Theory of Accounts in Double-Entry Bookkeeping*, Center for International Education and Research in Accounting, 1966.（安平昭二訳『複式簿記の原理』千倉書房、１９７２年。）

石川純治『複式簿記のサイエンス』税務経理協会、２０１１年。

9　米国における会計黎明期の名著

○ハットフィールド、ギルマン、スプレイグの著書

Herbert F. Taggart *ed.*, *Paton on Accounting*, The University of Michigan, 1964.

Henry Rand Hatfield, *Modern Accounting: Its principles and some of its problems*, Meredith Publishing Company, 1918.（松尾憲橘訳『近代会計学』雄松堂書店、１９７１年。）

Charles E. Sprague, *The Philosophy of Accounts*, 1908.

Stephen Gilman, *Accounting Concepts of Profits*, The Ronald Press Co., 1939.（久野光朗訳『ギルマン会計学』（上）（中）（下）、同文館、１９６５年、１９６７年、１９７２年。）

10　米国会計学の基礎を築いた名著

○コーラーの著書

Eric L. Kohler, *A Dictionary for Accountants*, 5th edition, Prentice-Hall, 1975.

○リトルトンの著書

A. C. Littleton, *The Structure of Accounting Theory*, American Accounting Association, 1953.（大塚俊郎訳『会計理論の構造』東洋経済新報社、１９５５年。）

A. C. Littleton and V. K. Zimmerman, *Accounting Theory: Continuity and Change*, Prentice-Hall, Inc., 1962.（上田雅通訳『会計理論―連続と変化―』税務経理協会、１９７９年。）

A. C. Littleton, *Essays on Accountancy*, University of Illinois Press, 1961.

○メイの著書

G. O. May, *Financial Statement—A Distillation of Experience*— The Macmilan Company, 1943.（木村重義訳『財務会計―経験の蒸留―』同文館、１９７０年。）

Bishop Carleton Hunt *ed*, *Twenty-Five Years of Accounting Responsibility, 1911-1936—Essays and Discussion*— Price Waterhouse & Co., 1936.

青柳文司『会計士会計学～ジョージ・オー・メイの足跡～』［改訂増補版］同文館、１９６４年（改訂増補5版、１９７９年。）

○ペイトンの著書

W. A. Paton, *Accounting Theory*, The Ronald Press Co., 1922.

W. A. Paton, *Essentials of Accounting*, The Macmillan Co., 1932.

W. A. Paton, *Corporate Profit —Measurement, Reporting, Distribution, Taxation—* Richard D Irwin, Inc., 1965.（原　享・今福愛志共訳『会社利潤論―測定・報告・分配・課税』千倉書房、１９７４年。）

宮上一男編『会計学講座⑤ペイトン研究』世界書院、１９７９年。

11　米国における会計原則に係る文献

○米国の会計原則史

Maurice Moonitz, *Obtaining Agreement on Standards in the Accounting Profession*, American Accounting Association, 1974.（小森瞭一訳『ムーニッツアメリカにおける会計原則発達史』森山書店、１９７９年。）

高松和男『アメリカ会計原則の展開』同文館、１９８２年。

山本　繁『会計原則発達史』森山書店、１９９０年。

○米国会計原則の１９１０年代から１９５０年代までの文献

加藤盛弘・鵜飼哲夫・百合野正博共訳『会計原則の展開』森山書店、１９８１年。

T. H. Sanders, H. R. Hatfield, and U. Moor, *A Statement of Accounting Principles*, American Accounting Association, 1938.（山本　繁・勝山　進・小関　勇共訳『ＳＨＭ会計原則』同文館、

１９７９年および阪本安一編著『ＳＨＭ会計原則解説』税務経理協会、１９８７年。）

中島省吾訳編『増訂ＡＡＡ会計原則　原文・解説・訳文および訳注』中央経済社、１９７５年。
W. A. Paton and A. C. Littleton, *A Introduction to Corporate Accounting Standards*, American Accounting Association, 1938.（中島省吾訳『会社会計基準序説〔改訳〕』森山書店、１９５８年改訳版刊行。）
渡邉　進・上村久雄共訳『アメリカ公認会計士協会　会計研究公報・会計用語公報』産業経理協会、１９５９年。（非売品）

中島省吾『新版会計基準の理論―Ａ・Ａ・Ａ会計基準の理論構造―』森山書店、１９７７年（初版１９７０年）。

中島省吾『「会社会計基準序説」の研究』森山書店、１９７９年。

木村和三郎『會計學研究―アメリカ企業會計原則の研究―』有斐閣、１９５５年。

黒澤　清『近代会計学』〈普及五訂〉春秋社、１９７７年。

12　米国における会計基準に係る文献

○会計公準に係る文献

Maurice Moonitz, *The Posturates of Accounting*, AICPA, 1961.（佐藤孝一・新井清光共訳『基本的会計公準論・企業会計原則試案』中央経済社、１９６２年。）

新井清光『会計公準論〈増補版〉』中央経済社、１９７８年。

阪本安一『近代会計と企業体理論（改訂版）』森山書店、１９７０年。（初版は１９６１年。）

William J. Vatter, *The Fund Theory of Accounting and its Implications for Financial Reporting*, The University of Chicago Press, 1947 (Reprint 1974).（飯岡　透・中原章吉訳『バッター資金会計論』同文館、１９７１年。）

○米国会計原則の１９６０年代〜１９７０年代の文献

Robert T. Sprouse and Maurice Moonitz, *A Tentative Set of Broad Accounting Principles for Business Enterprises*, 1962.（佐藤孝一・新井清光共訳『基本的会計公準論・企業会計原則試案』中央経済社、１９６２年。）

Committee to Prepare a Statement of Basic Accounting Theory, *A Statement of Basic Accounting Theory*, AAA, 1966.（飯野利夫訳『アメリカ会計学会基礎的会計理論』国元書房、１９７５年。）

Statement of the Accounting Principles Board, *Basic Concepts and Accounting Underlying Financial Statements of Business Enterprises*, AICPA, 1970.（川口順一『アメリカ公認会計士協会　企業会計原則』同文館、１９８１年。）

Report of the Study Group on the Objectives of Financial Statements, *Objectives of Financial Statements*, AICPA, 1973.（川口順一『アメリカ公認会計士協会　財務諸表の目的』同文館、１９８１年。）

○ＦＡＳＢの概念フレームワークの文献

Paul B. W. Miller *et al.*, *The FASB: The People, the Process, and the Politics*, 1st edition, Irwin McGraw-Hill, 1986.（高橋治彦訳『The FASB　財務会計基準審議会―その政治的メカニズム―』同文館、１９８８年。）

FASB, FASB Discussion Memorandum, *An Analysis of Issues Related to Conceptual Framework for Financial Accounting and Reporting: Elements of Financial Statements and Their Measurement*, 1976.（津守常弘監訳『ＦＡＳＢ財務会計の概念フレームワーク』中央経済社、１９９７年。）
FASB, *Statement of Financial Accounting Concepts*, 2000.（平松一夫・広瀬義州訳『ＦＡＳＢ財務会計の諸概念（増補版）』中央経済社、２００２年。）

13　わが国における会計原則に係る文献

○わが国の会計発達史

青木茂男編『日本会計発達史』同友館、１９７６年。

近代会計制度百周年記念事業委員会編『近代会計百年―その歩みと文献目録』日本会計研究学会、１９７８年。

黒澤　清『日本会計制度発展史』財経詳報社、１９９０年。

千葉準一『日本近代会計制度―企業会計体制の変遷』中央経済社、１９９８年。

黒澤　清編著『わが国財務諸表制度の歩み　戦前編』雄松堂書店、１９８７年。

久保田秀樹『日本型会計成立史』税務経理協会、２００１年。

○わが国の「企業会計原則」の研究・解説書

新井清光編『日本会計・監査規範形成資料』中央経済社、１９８０年。

嶌村剛雄『会計制度資料訳解』白桃書房、１９８５年。

新井清光編著『企業会計原則の形成と展開』中央経済社、１９８７年。

新井清光『日本の企業会計制度』中央経済社、1999年。

中村　忠・飯野利夫『対談　わが国の会計諸則を学ぶ』税務経理協会、1984年。

中村　忠編『会計基準を学ぶ　審議会、「意見書」等の検討』税務経理協会、1986年。

嶌村剛雄『会計原則コンメンタール』中央経済社、1979年。

嶌村剛雄『新体系会計諸則精説』中央経済社、1975年（第9版、初版は1974年）。

番場嘉一郎『詳説企業会計原則』森山書店、1975年。

新井清光『企業会計原則論』森山書店、1982年。

黒澤　清・若杉　明『対談　企業会計原則を学ぶ』税務経理協会、1984年。

山下勝治『企業会計原則の理論』森山書店、1967年（初版1964年）。

沼田嘉穂『企業会計原則を裁く』同文館、1979年。

○批判会計学に係る文献

角瀬保雄・佐藤博明・森　章・篠原三郎『マルクス会計学』亜紀書房、1974年第4刷（第1版第1刷、1968年）。

馬場克三『会計理論の基本問題』森山書店、1975年。

宮上一男『会計の本質』森山書店、1979年。

加藤盛弘『負債拡大の現代会計』森山書店、2006年。

岡部利良『現代会計学批判』森山書店、1991年。

松尾憲橘『新版近代会計学の基調』国元書房、1960年（初版）、1974年（8版）。

浅羽二郎『現代会計学の展開［増補版］』白桃書房、1975年。

14　わが国における会計基準に係る文献

○会計基準・概念フレームワークに係る文献

津守常弘『会計基準形成の論理』森山書店、２００２年。

斎藤静樹編著『討議資料　財務会計の概念フレームワーク改訂版』中央経済社、２００６年。

斎藤静樹『会計基準の研究　増補版』中央経済社、２００５年。

安藤英義編著『会計フレームワークと会計基準』中央経済社、１９９６年。

15　わが国における会計学の発展に貢献した研究者に係る文献

○会計学者の紹介

合崎堅二監修『黒澤会計学研究』森山書店、１９９９年。

田中章義（編集代表）『インタビュー日本における会計学研究の発展』同文館、１９８０年。

新井益太郎『私の知る会計学者群像』中央経済社、１９９５年。

○会計側面誌

太田哲三『近代会計側面誌―会計学の六十年―』中央経済社、１９６８年。

新井清光編『会計基準側面誌』中央経済社、１９８８年。

○会計書

太田哲三『改訂増補會計學概論』高陽書房、１９３７年。

岩田　巌『利潤計算原理』同文館、１９５６年（初版）。

○エッセイなど

沼田嘉穂『金銭だんぎ』中央経済社、１９６３年。
染谷恭次郎『早稲田大学と私』中央経済社、１９９６年。
染谷恭次郎『ある会計学者の軌跡―一つの会計学史―』税務経理協会、１９９７年。
中村　忠『会計学こぼれ話』白桃書房、１９９０年。
中村　忠『会計学放浪記』白桃書房、１９９４年。
中村　忠『会計学つれづれ話』白桃書房、１９９８年。
中村　忠『会計風土記』白桃書房、２００３年。
武田隆二『居眠り講義』中央経済社、１９９２年。

16　わが国における国際会計研究に係る文献

○わが国の国際会計研究の文献

中地　宏『世界の会計思潮―国際会計会議80年の流れ―』同文館、１９８５年。
新井清光『国際会計研究』中央経済社、１９８２年。
白鳥栄一『国際会計基準―なぜ日本の企業会計はダメなのか―』日経ＢＰ社、１９９２年。
新井清光編著『会計基準の設定主体―各国・国際機関の現状―』中央経済社、１９９３年。
David Alexander and Christopher Nobes, *A European Introduction to Financial Accounting*, Prentice Hall, 1994.（小津稚加子・山口桂子共訳『欧州財務会計』白桃書房、１９９８年。）
Lee H. Radebaugh, Sidney J. Gray and Ervin I. Black., *International Accounting and Multinational*

Enterprises, John Wiley & Sons Inc., 2006.（小津稚加子監訳『多国籍企業の会計』中央経済社、
２００７年。）

徳賀芳弘『国際会計』中央経済社、２０００年。

桜井久勝編著『テキスト国際会計基準〔第５版〕』白桃書房、２０１０年。

秋葉賢一『エッセンシャルＩＦＲＳ〔第２版〕』中央経済社、２０１２年。

古賀智敏・鈴木一水・國部克彦・あずさ監査法人編著『国際会計基準と日本の会計実務三訂補訂版』

同文舘、２０１１年。

磯山友幸『国際会計基準戦争**【完結版】**』日経ＢＰ社、２０１０年。

岩井克人・佐藤孝弘『ＩＦＲＳに異議あり―国際基準の品質を問う』日本経済新聞出版社、
２０１１年。

田中　弘『国際会計基準はどこへ行くのか』時事通信社、２０１０年。
○中小企業会計に係る文献
Bruce Mackenzie, *et al.*, *Applying IFRS for SMEs*.（川﨑照行監訳『シンプルＩＦＲＳ』中央経済社、
２０１１年。）

平川忠雄監修『中小企業の会計指針の入門』税務経理協会、２００５年。

平川忠雄監修『中小企業の会計要領と実務』税務経理協会、２０１２年。

万代勝信・河﨑照行編著『詳解中小会社の会計要領』中央経済社、２０１２年。

山下壽文『要説新中小企業会計基本要領』同友館、２０１２年。

17　公正価値（時価）会計に係る文献

○取得原価会計の文献

藤井秀樹『現代企業会計論―会計観の転換と取得原価主義会計の可能性―』森山書店、１９９７年。

井尻雄二『会計測定の基礎』東洋経済新報社、１９６８年。

Yuji Ijiri, *Theory of Accounting Measurement*, 1975.（井尻雄二『会計測定の理論』東洋経済新報社、１９７６年。）

山桝忠恕『近代会計理論』国元書房、１９６３年。

○インフレーション会計に係る文献

Henry W. Sweeney, *Stabilized Accounting*, Harper & Brothers, 1936.（Renewed 1964.）

Changing Concepts of Business Income—Report of Study Group on Business Income, Macmillan, 1952.（渡辺　進・上村久雄共訳『企業所得の研究―変貌する企業所得概念―』中央経済社、１９５６年。）

Geoffrey Whittington, *Inflation Accounting: An Introduction to the Debate*, Cambrige University Press, 1983.（辻山栄子訳『会計測定の基礎：インフレーションアカウンティング』中央経済社、１９９３年。）

片野一郎『貨幣価値変動会計第二版』同文館、１９７４年（初版は１９６２年）。

○時価主義・公正価値会計に係る文献

不破貞春『新訂会計理論の基礎』中央経済社、１９７６年。

不破貞春『時価評価論』同文館、１９７９年。

木村重義編著『時価主義会計論』同文館、1979年。

青木　脩『時価主義会計』中央経済社、1982年。

石川純治『時価会計の基本問題―金融・証券経済の会計―』中央経済社、2000年。

田中建二『時価会計入門～日本基準・米国基準・IASの比較・解説～』中央経済社、1999年。

北村敬子・今福愛志編著『財務報告のためのキャッシュフロー割引計算』中央経済社、2000年。

上野清貴『公正価値会計の評価・測定』中央経済社、2005年。

上野清貴『公正価値会計の構想』中央経済社、2006年。

James P. Catty, Dita Vadron and Andrea R. Isom, *Wiley Guide to Fair Value Under IFRS*, John Wiley & Sons, 2010.

Doron Nissim and Stephen Penman, *Principles for the Application of Fair Value Accounting*, Columbia Business School, 2008.（角ケ谷典幸・赤木諭士共訳『公正価値会計のフレームワーク』中央経済社、2012年。）

角ケ谷典幸『現在割引価値』森山書店、2009年。

高寺貞男『会計と市場』昭和堂、2002年。

渡邊　泉編著『歴史から見る公正価値会計』森山書店、2013年。

18　会計学の新展開に係る文献

○取得原価主義会計への限界を論じた先駆的文献

Eldon S. Hendriksen, *Accounting Theory*, Richard D. Irwin, 1965.（水田金一監訳『ヘンドリクセン会

計理論上巻・下巻』同文館、１９７０年・71年。）
E. O. Edwards and P. W. Bell, *The Theory and Measurement of Business Income*, University of California Press, 1961.（中西寅雄監修、伏見多美雄・藤森三男共訳『意思決定と利潤計算』日本生産性本部、１９６４年。）
Richard Mattessich, *Accounting and Analytical Methods*, 1977 by Scholars Book Co., 1st edition, 1964.（越村信三郎監訳『会計と分析的方法上巻・下巻』同文館、１９７２年・１９７４年。）
Norton M. Bedford, *Income Determination Theory and Accounting Framework*, Addison-Wesley, 1965.（大藪俊哉・藤田幸男共訳『利益決定論』中央経済社、１９８４年。）
伊藤徳正『ベドフォードの会計思想』成文堂、２０１１年（愛知学院大学産業研究所報『地域分析』第49巻増刊号）。
Raymond J. Chambers, *Accounting, Evaluation and Economic Behavior*, Reprinted 1974 by Scholars Book Co., 1st edition, 1966.（塩原一郎訳『現代会計学原理―思考と行動における会計の役割―上・下』創成社、１９８４年。）

○キャッシュフロー会計の文献

染谷恭次郎『増補資金会計論』中央経済社、１９７８年（増補版15版）。
Kyojiro Someya, *Japanese Accounting: A Historical Approach*, Clarendon Press Oxford, 1996.
Robert N. Anthony, *Future Directions For Financial Accounting*, Dow Jones-IRWN, 1984.（佐藤倫正訳『アンソニー財務会計論：将来の方向』白桃書房、１９８９年。）
Robert N. Anthony, *Rethinking the Rules of Financial Accounting*, McGraw-Hill, 2004.

佐藤倫正『資金会計論』白桃書房、１９９３年。

○実証研究の文献

Ross L. Watts and Jerold L. Zimmerman, *Positive Accounting Theory*, 1st edition, Prentice-Hall, Inc., 1986.（須田一幸訳『実証理論としての会計学』白桃書房、１９９１年。）

須田一幸『財務会計の機能』白桃書房、２０００年。

大日方隆『アドバンス財務会計―理論と実証分析―（第2版）』中央経済社、２０１３年。

William R. Scott, *Financial Accounting Theory*, 4th edition. Pearson Education Canada, Inc., 2006.（太田康広・椎葉　淳・西谷順平共訳『財務会計の理論と実証』中央経済社、２００８年。）

○財務報告の変革に係る文献

Richard G. Schroeder, Myrtle W. Clark and Jack M. Cathey., *Financial Accounting Theory and Analysis: Text Readings and Cases*, 7th edition, John Wiley & Sons, Inc., 2001.（加古宜士・大塚宗春監訳『財務会計の理論と応用』中央経済社、２００４年。）

William H. Beaver, *Financial Reporting: An Accounting Revolution*, 3rd edition, Prentice-Hall, Inc., 2008.（伊藤邦雄訳『財務報告革命【第3版】』白桃書房、２０１０年。）

J. A. Christensen and J. S. Demski., *Accounting Theory: An Information Content Perspective*, The McGraw-Hill Companies, Inc., 2003.（佐藤紘光監訳『会計情報の理論　情報内容パースペクティブ』中央経済社、２００７年。）

佐藤紘光編著『契約理論による会計研究』中央経済社、２００９年。

広瀬義州編著『財務報告の変革』中央経済社、２０１１年。

徳賀芳弘・大日方隆編著『財務会計研究の回顧と展望』中央経済社、２０１３年。

19　ドイツ会計学の巨匠シュマーレンバッハに係る文献

○シュマーレンバッハの著書

Eugen Schmalenbach, *Dynamic Accounting*, Translated from the German by G. W. Murphy and Kenneth S. Most, Gee and Company (Publishers) Limited, 1959.

土岐政藏訳『動的貸借対照表論』森山書店、１９５９年。

○シュマーレンバッハの伝記

W・コルデス編、樗木航三郎・平田光弘共訳『シュマーレンバッハ炎の生涯』有斐閣、１９９０年。

○シュマーレンバッハの研究書

神戸大学会計学研究会編『シュマーレンバッハ研究復刻版』中央経済社、１９８０年。

宮上一男編著『シュマーレンバッハ研究』世界書院、１９７８年。

《著者紹介》

山下壽文（やました・としふみ）

博士（商学，福岡大学）
1950年　佐賀県生まれ。
1974年　立命館大学経営学部経営学科卒業。
1982年　福岡大学大学院商学研究科博士後期課程単位取得。
1980年　宮崎産業経営大学経営学部専任講師，その後同助教授，
　　　　中京学院大学経営学部助教授を経て
1998年　佐賀大学経済学部教授，現在に至る。

主要著書

『偶発事象会計の国際的調和化―米国基準・IAS・日本基準の比較―』（単著）同文舘，2000年。

『偶発事象会計論』（単著）白桃書房，2002年。

『偶発事象会計の展開―引当金会計から非金融負債会計へ―』（編著）創成社，2007年。

『会計入門ゼミナール〔第2版〕』（編著）創成社，2007年。

『新簿記入門ゼミナール』（共著）創成社，2009年。

『BATIC・U.S.CPAのための英文会計入門〔第2版〕』（単著）同文館，2009年。

『要説新中小企業会計基本要領』（単著）同友館，2012年。

その他，著書および論文多数。


（検印省略）

2013年10月20日　初版発行　　　　略称―会計のススメ

会計学のススメ
―一度は読んでおきたい会計学の名著―

著　者　山 下 壽 文
発行者　塚 田 尚 寛

発行所　東京都文京区春日2－13－1　株式会社 創成社
電　話　03（3868）3867　　F A X 03（5802）6802
出版部　03（3868）3857　　F A X 03（5802）6801
http://www.books-sosei.com　振　替 00150-9-191261

定価はカバーに表示してあります。

ISBN978-4-7944-1471-7　C3034
Printed in Japan

組版：ワードトップ　印刷：亜細亜印刷
製本：宮製本所
落丁・乱丁本はお取り替えいたします。